HUBBLE!

Der brandneue Stich in der Perlenwelt

Melanie
de Miguel

Originally published under the title: Let's Hubble! A journey into the brand new beadwork stitch

Published in 2015 by SRA Books

Creanon
Claudia Schumann
Kopernikusstr. 27
50126 Bergheim-Gewerbepark
www.Creanon.de

ISBN: 978-3-940577-36-8

Übersetzung: Claudia Schumann
Technisches Lektorat: Heiko Radermacher, Claudia Schumann
Korrektorat: Heiko Radermacher

Gedruckt in Deutschland

INHALT

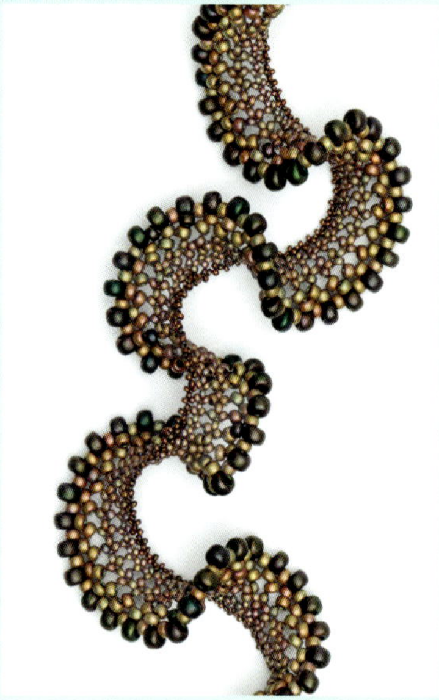

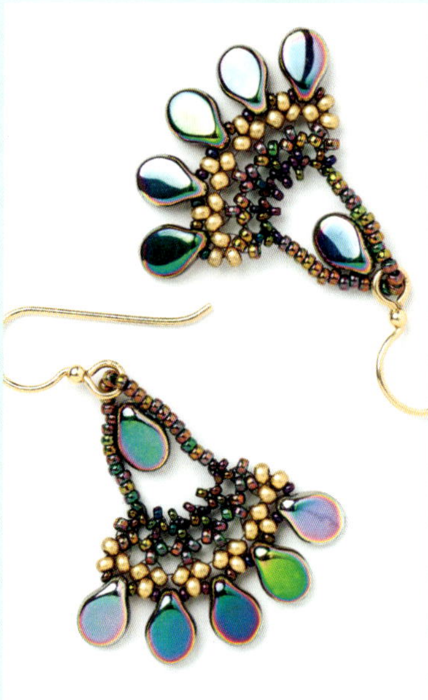

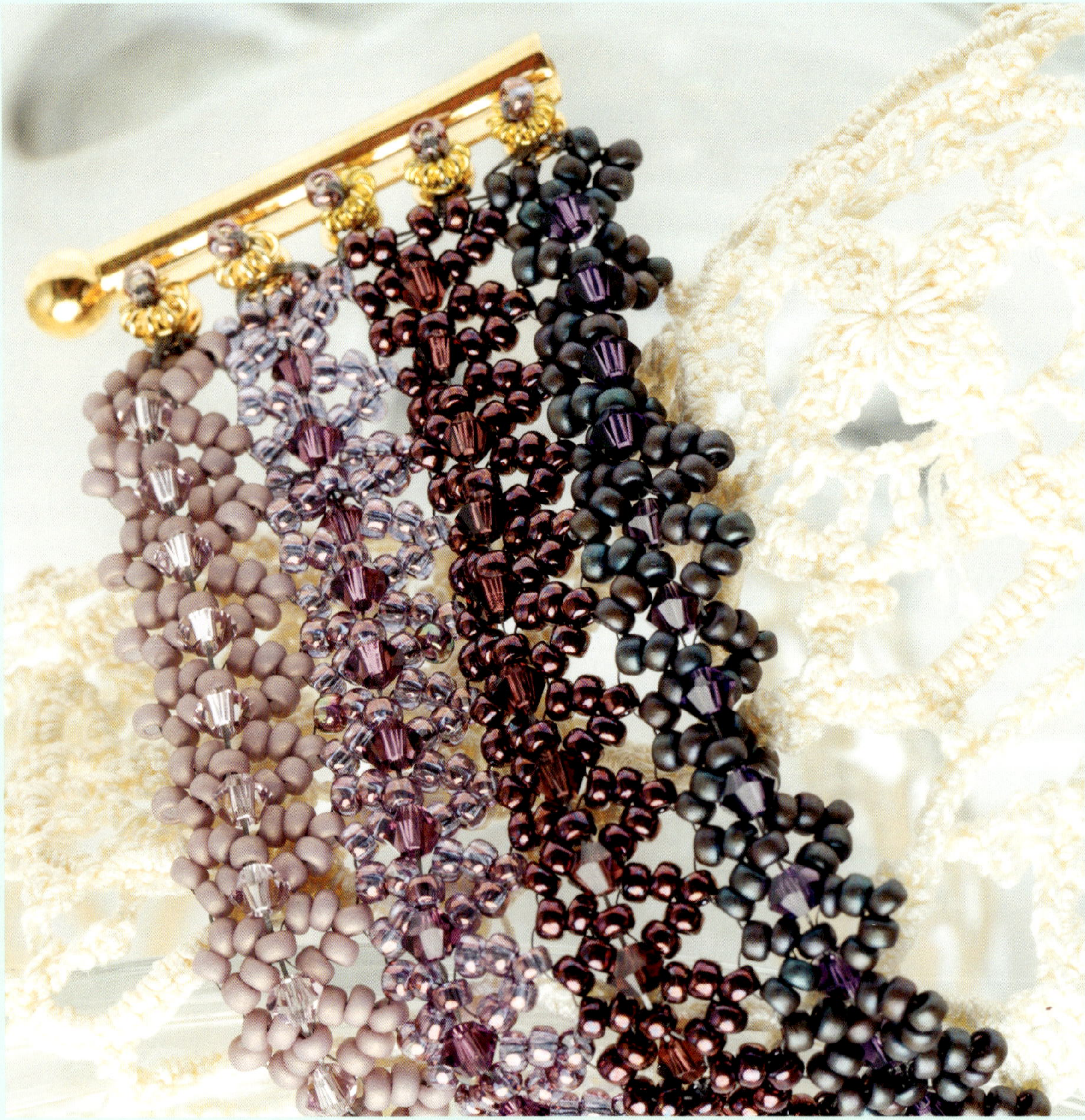

EINLEITUNG

• • •

Hubble!

Der aufregende neue Perlenstich

entwickelt von

Melanie de Miguel

EINLEITUNG

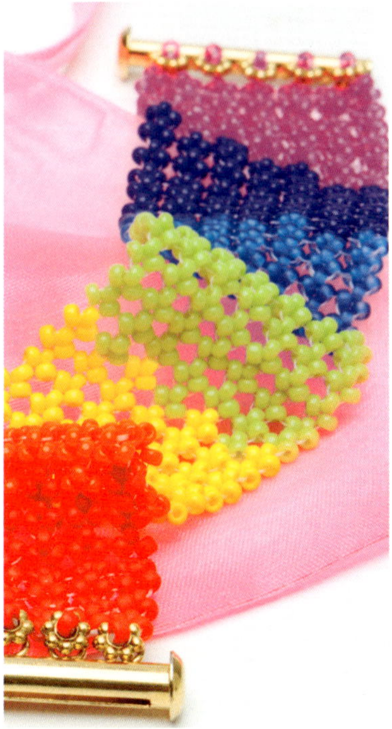

Alles begann mit einem kecken Picot...

Auf einer Reise durch Florenz wurde ich inspiriert durch die Schätze der Medici-Dynastien und habe ein Armband entworfen, welches ich Lorenzo nannte. Eines der Hauptelemente war eine Verbindung im Herringbone-Stich, welche mit Picots verziert war. Ich habe jeden dieser Picots auf die herkömmliche Weise gearbeitet, indem ich drei Perlen pro Stich hinzugefügt habe – so habe ich es immer gesehen und gemacht. Als ich mit dem Armband weitermachte habe ich plötzlich sehr zu meinem Leidwesen bemerkt, dass die Picots ihre Form verloren hatten und keine kleinen Dreiecke mehr waren, sondern mehr nach einer Reihe aus drei Perlen aussahen. Es half auch nichts, sie mit der Nadel wieder in Form zu bringen, denn sie blieben auf die Dauer nicht dreieckig. In erster Linie fragte ich mich also, ob es einen Weg gäbe, zu verhindern, dass die mittlere Perle zwischen die beiden äußeren rutscht; etwas, was alles zusammenhält. Dann kam der glückliche Moment; es war so einfach – wenn Sie einen normalen Herringbone-Stich arbeiten und einen Picot in die folgende Reihe fädeln, wird diese Picotperle hübsch für immer an ihrem Platz bleiben. Es ist der Faden zwischen den beiden Perlen des Herringbone-Stichs, der die Picotperle am Platz hält und daran hindert, herunterzurutschen. So wusste ich nun, um diese hübschen Picots ins Design einzuarbeiten, muss ich jeden Picot in zwei Schritten fädeln – zuerst die beiden äußeren Perlen einfügen und danach die mittlere Picot-Spitzenperle. Von da an habe ich den „Super-Picot" in viele meiner Entwürfe eingebunden.

Was genau ist der Hubble-Stich? Am besten kann er als eine Mischung aus dem Herringbone- und dem Leiterstich und als ein naher Cousin des Right-Angle-Weave (RAW) beschrieben werden. Jeder Stich wird in zwei Schritten konstruiert, basierend auf meinem Super-Picot, was bedeutet, dass die Perlen zuerst aufgenommen und zum Ring geschlossen werden, während die Spitzenperle erst danach hinzugefügt wird.

Der kreisförmige Fadenlauf im Hubble-Stich ist wie der im RAW; der große Unterschied ist jedoch, dass jeder Stich individuell ist. Das bedeutet, er ist nicht mit seinen Nachbarn verbunden, was dem fertigen Stück viel Bewegungsfreiheit und Flexibilität verleiht. Diese Separation und Individualität jedes Stichs verleiht der Perlenarbeit außerdem eine wunderschöne, spitzenartige Qualität.

Warum der lustige Name? Dafür gibt es einige Gründe. Wenn ich Anleitungen schreibe, kürze ich Stichnamen oftmals ab, so wird aus dem Herringbone-Stich HB und dem Leiterstich L. Bringen Sie diese zusammen und Sie erhalten HBL, was ausgesprochen Hubble ergibt. Dieser Name hat mich auch deswegen sofort angesprochen, da ich ein großer Bewunderer des Hubble-Weltraumteleskops

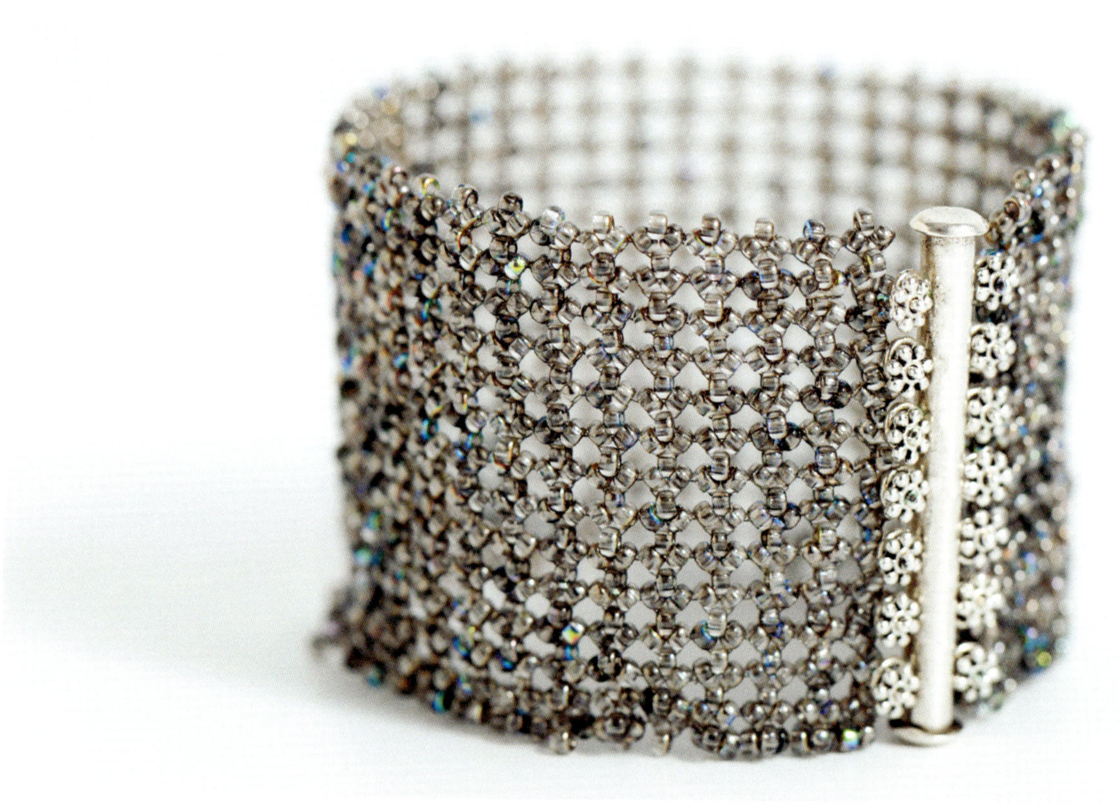

und seiner aktiven Rolle in der Kosmologie bin. Obgleich meine Erforschungen des Hubble-Stichs in viel kleinerem Maßstab stattfinden, bin ich von seinem wundervollen Potenzial und all seinen Anwendungsmöglichkeiten enorm inspiriert und vor allem bin ich sehr aufgeregt, dies alles mit Ihnen zu teilen.

Kapitel für Kapitel leite ich Sie durch einen logischen Prozess, um die unterschiedlichen Formen des Hubble-Stichs zu entdecken. Beginnend mit den Basisstichen hin zu mehr komplexen und interessanteren Formen und Kombinationen. Jede Phase wird durch ein oder mehrere Projekte mit weiteren Variationsideen und Empfehlungen erklärt. Alle sind dafür entworfen worden, Ihnen beim Üben des Hubble-Stichs zu helfen und Sie mit ihm vertraut zu machen. Sie werden außerdem im gesamten Buch verstreute Workshop-Tipps finden; diese sind dazu gedacht, Ihnen an einer bestimmten Stelle oder mit einem bestimmten Problem zu helfen, oder nur, um die Dinge ein bisschen einfacher zu machen, so, als wäre ich mit Ihnen in einem Workshop.

Ich habe zwei Jahre lang am Hubble-Stich und dessen Entwicklung gearbeitet und die Faszination und Freude an der einfachen Schönheit des Basis- und des 2-Perlen-Hubble-Stichs hat nicht nachgelassen. Im Besonderen, wie das Aussehen des Stichs sich hinsichtlich der Wahl der Farbe und Veredelung der gewählten Perlen verändert.

In diesem Buch begegnen Ihnen der Basisstich, 2-Perlen-, 3-Perlen-, der versetzte (sowohl horizontal als auch vertikal), der runde (kreis- und röhrenförmig) und der umgekehrte Hubble-Stich.

Da dies ein brandneuer Stich ist, möchte ich Sie darum bitten, Ihr Wissen und Verständnis von existierenden Stichen wie RAW, Herringbone- oder dem Leiter-Stich beiseitezuschieben. Für viele Fädlerinnen sind dies „alte Freunde", welche automatisch auftauchen. Wenn Sie jedoch beginnen, mit dem Hubble-Stich zu arbeiten, werden Ihnen die Fadenläufe sehr fremd sein, besonders in der Basisreihe. Der Schlüssel ist, offen zu sein und Spaß zu haben.

Sie müssen keine erfahrene Fädlerin sein, um den Hubble-Stich zu meistern, mit ein bisschen Übung geht der Stich flott von der Hand und ich bin sicher, dass, wenn Sie erst einmal mit dem Basisstich gespielt haben, Sie es kaum erwarten können, alle Möglichkeiten auszuprobieren.

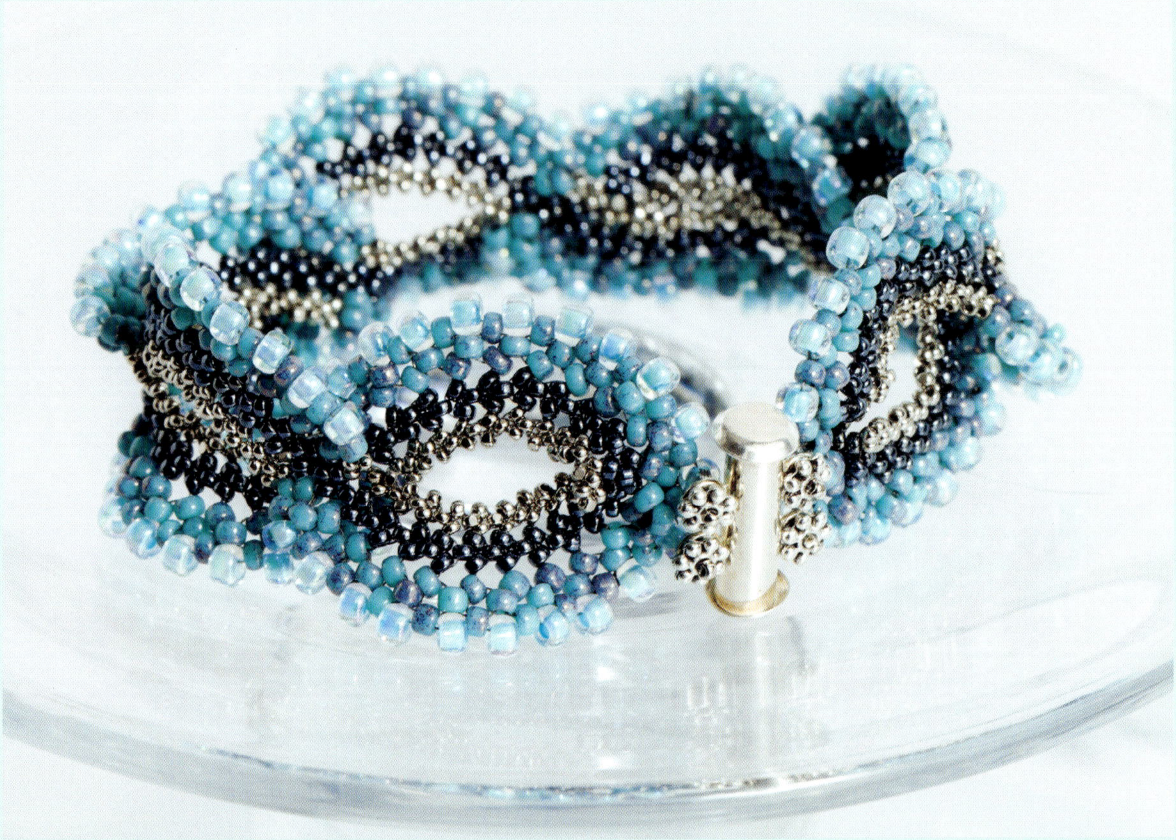

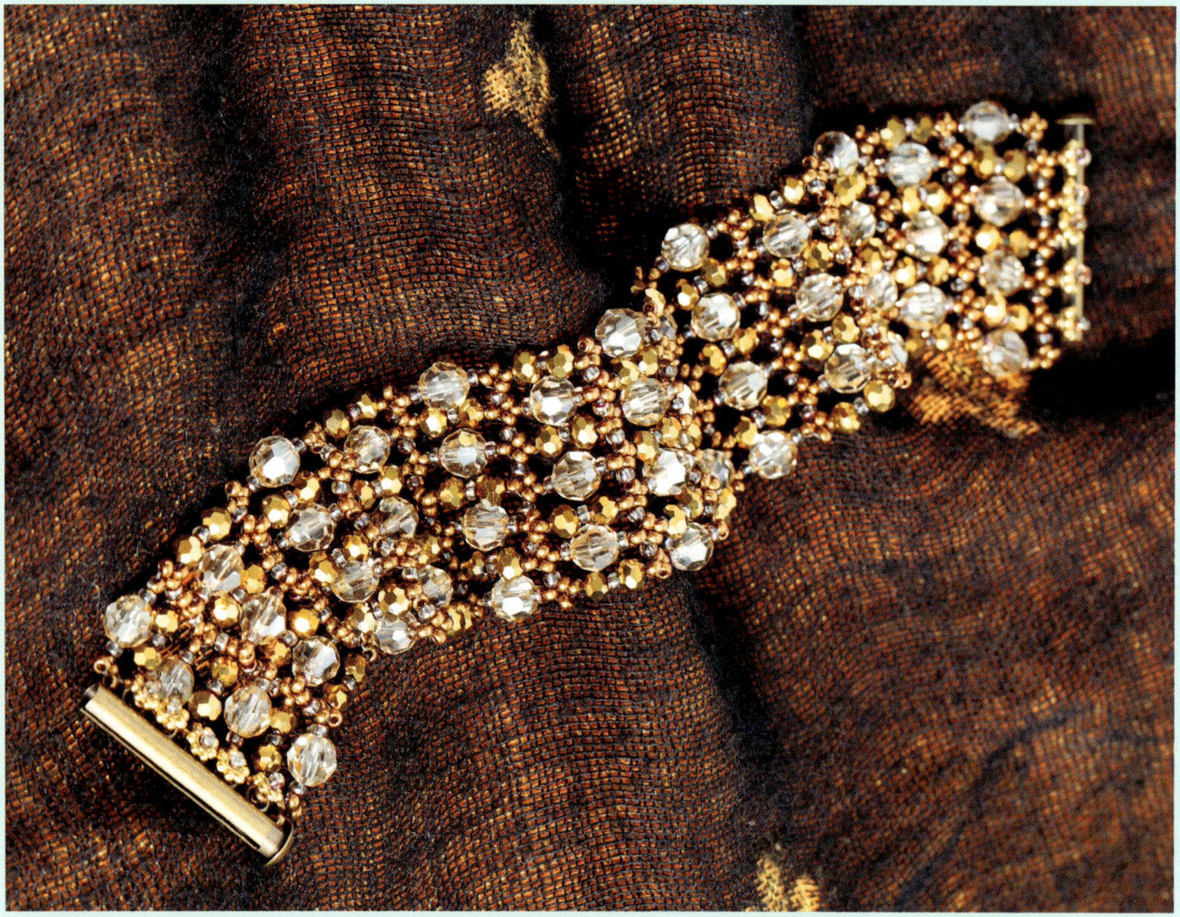

KAPITEL EINS

• • •

Materialien, Werkzeuge und Begriffserklärungen

KAPITEL EINS

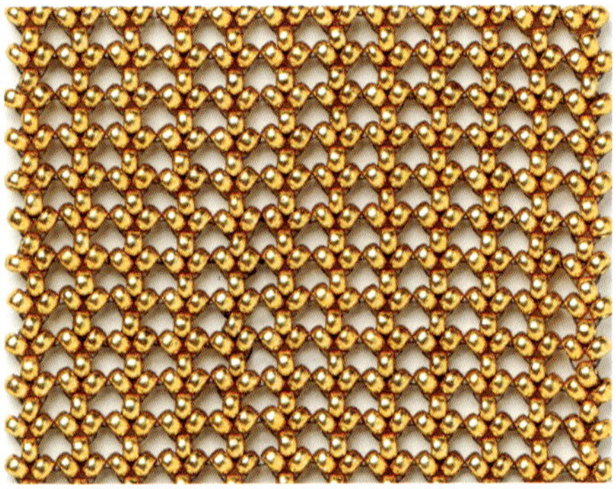

Der Basis- und 2-Perlen-Hubble-Stich besitzen unverwechselbare Formen und sind sehr schön definiert. Die Verwendung von metallic, matten oder gefrosteten Perlen hilft, die Hubble-Form in der Perlenarbeit zu betonen, während transparente, schwache Farben keine große Aussagekraft haben, solange sie keine AB-Veredelung besitzen.

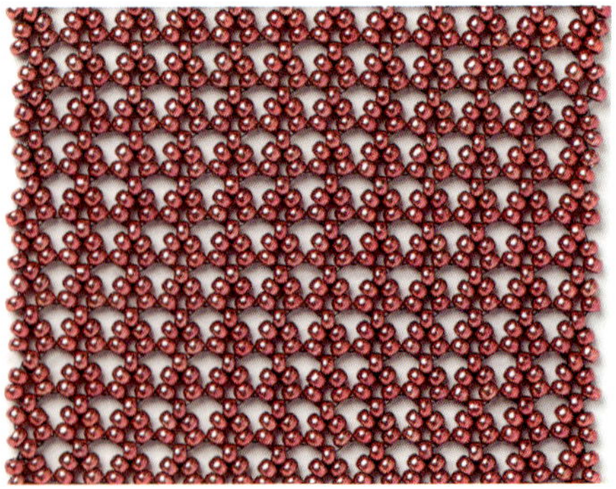

Materialien und Werkzeuge

Kein Perlenbuch scheint ohne den Abschnitt über Materialien und Werkzeuge vollständig zu sein. Wenn Sie mir jedoch ein wenig ähnlich sind, können Sie es kaum erwarten, die Seiten umzublättern und zu den interessanten Dingen zu kommen – den Techniken und Entwürfen! Also habe ich die bewusste Entscheidung getroffen, keine langen Listen und Beschreibungen der Materialien und Werkzeuge in das Buch einzufügen, da Sie für den Hubble-Stich nichts Ungewöhnliches benötigen. Indes sind sowohl für neue Fädlerinnen, als auch für die erfahrenen, Materialempfehlungen für jedes Projekt angegeben, sodass Sie nicht ins kalte Wasser geworfen werden!

Für die Projekte im Buch werde ich hinsichtlich des Fadens, der Nadeln, Zangen und der Wahl der Perlenfarben und -veredelungen einige Empfehlungen aussprechen.

Wenn es um den Faden geht, müssen Sie sich mit ihm wohlfühlen; es gibt eine große Auswahl. Ich bin ein begeisterter Fan von FireLine, im Besonderen von 4lb (Stärke B), da er ein exzellenter Alleskönner für Saatperlen von den großen 6/0 bis zu den tschechischen 15/0 Perlen (welche das Äquivalent zu japanischen 18/0 Perlen sind) ist. Er ist stark und vorgewachst, was ihm eine gute, glatte Qualität gibt, die es Ihnen erlaubt, die Perlen ohne Mühe aneinanderzufügen, und somit hilft, eine gleichmäßige Fadenspannung zu halten.

Alle Projekte können mit Nadeln der Stärke 12 gearbeitet werden. Wenn jedoch tschechische 15/0 Charlotten verwendet werden sollen, sollten Sie zu einer Nadel der Stärke 14 wechseln (z.B. wenn Sie die „Daisy"-Zwischenperlen an den Verschlussösen anbringen).

Um das Einfädeln von FireLine in die dünne Nadel zu vereinfachen, drücke ich ca. 2 cm des Fadenendes mit der Flachzange zusammen; also ist es hilfreich, eine Zange zur Hand zu haben. Neben der Flachzange habe ich auch immer eine Rundzange und einen Drahtschneider in der Nähe; diese werden Sie für einige Projekte benötigen.

Wählen Sie Saatperlen guter Qualität und mit konstanter Größe und Form. Dies wird Ihnen helfen, wunderschöne Hubble-Perlenarbeiten mit befriedigender Glätte und Gleichförmigkeit zu erhalten. Seien Sie sich bewusst, dass unterschiedliche Perlen in einem Projekt zu einem unzufriedenstellendem Ergebnis führen können, da die Perlen verschiedener Hersteller leicht in der Größe variieren können, selbst dann, wenn die gleiche Größe angegeben ist.

Außerdem habe ich es vermieden, den Hubble-Stich mit Zylinderperlen (Delica) zu arbeiten, da deren starke, gerade Linien den Stich nicht so unterstützen wie die eleganten, zart abgerundeten Saatperlen. Ich habe damit experimentiert und durch ihre großen Fädellöcher einen interessanten Weg gefunden, sie zu verwenden, also sollten sie nicht ganz ignoriert werden. In weit kleinerem Ausmaß gilt dies auch für Saatperlen mit Silbereinzug, da diese dazu tendieren, eine mehr zylindrische Form zu haben, obschon manche von ihnen so hübsch sind, dass sie einfach verwendet werden müssen! Lassen Sie dies also nur einen groben Leitfaden für die Wahl der Perlenfarben und -Veredelungen sein; probieren Sie einige der Farbvorschläge der Projekte und experimentieren Sie dann selbst.

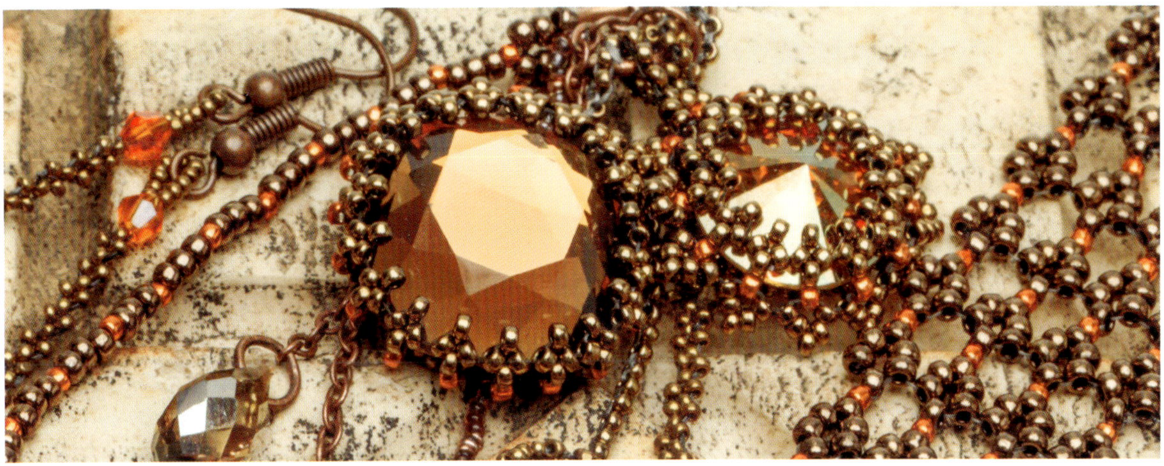

Hinweise und Begriffserklärungen

Um die Projekte des Buches nachzuarbeiten, ist hilfreich, sich mit den Begriffen, die ich verwende, vertraut zu machen:

Armlänge	Das ist die Länge des verwendeten Fadens. Halten Sie das Fadenende in der Hand und wickeln Sie dann so viel Faden ab, dass Sie ihre beiden Arme ausstrecken können, schneiden Sie den Faden ab und sie haben eine Armlänge.
Heran-schieben	Das ist meine Art den Vorgang zu beschreiben, wie sich Perlen oder Stiche eng aneinanderlegen, sodass dazwischen, wenn überhaupt, nur sehr wenig Faden zu sehen ist. Beim Hubble-Stich müssen sich die Stiche berühren, dies ist vor allem bei der Basisreihe enorm wichtig.
Fadenende	Ist die Länge am Anfang eines Projekts oder Elements nicht angegeben, lassen Sie immer einen ca. 15 cm langen Fadenrest übrig. Dies ist die optimale Länge, um sowohl Ihre Perlenarbeit festzuhalten, als auch den Faden zu vernähen.
Vernähen	Dies bedeutet, durch die Perlenarbeit zu fädeln, dabei mehrfach Halbknoten zu machen und dann den Faden abzuschneiden.
Einen neuen Faden ansetzen	Dies bedeutet, einen neuen Faden anzufügen: Führen Sie dazu die Nadel in einer kurzen Entfernung zu der Stelle, an der Sie weiterfädeln möchten, durch die Perlenarbeit und fädeln Sie dann zu der Stelle vor. Folgen Sie dabei bereits bestehenden Fadenläufen, machen Sie auch hier einige Halbknoten auf dem Weg und schneiden Sie dann den Fadenrest ab.
Faden-spannung	Es ist sehr wichtig, dass Sie immer eine gleichmäßige Fadenspannung halten, während Sie im Hubble-Stich arbeiten. Sie sollte nicht zu hoch sein, einfach gut und gleichmäßig; dies wird Ihnen helfen, hübsche, weiche Hubble-Gewebe zu arbeiten. Die Ausnahme ist, wenn Sie um ein Objekt herum arbeiten, wie zum Beispiel um eine Perle oder einen Cabochon. In diesem Fall müssen Sie vielleicht die Spannung erhöhen, um eine gute Passform zu erreichen, bei der kein Faden sichtbar ist.
Anschlagen	Damit ist die erste Reihe gemeint. Also bedeutet „10 Hubble-Stiche anschlagen", dass Sie eine Basisreihe aus 10 Hubble-Stichen arbeiten.

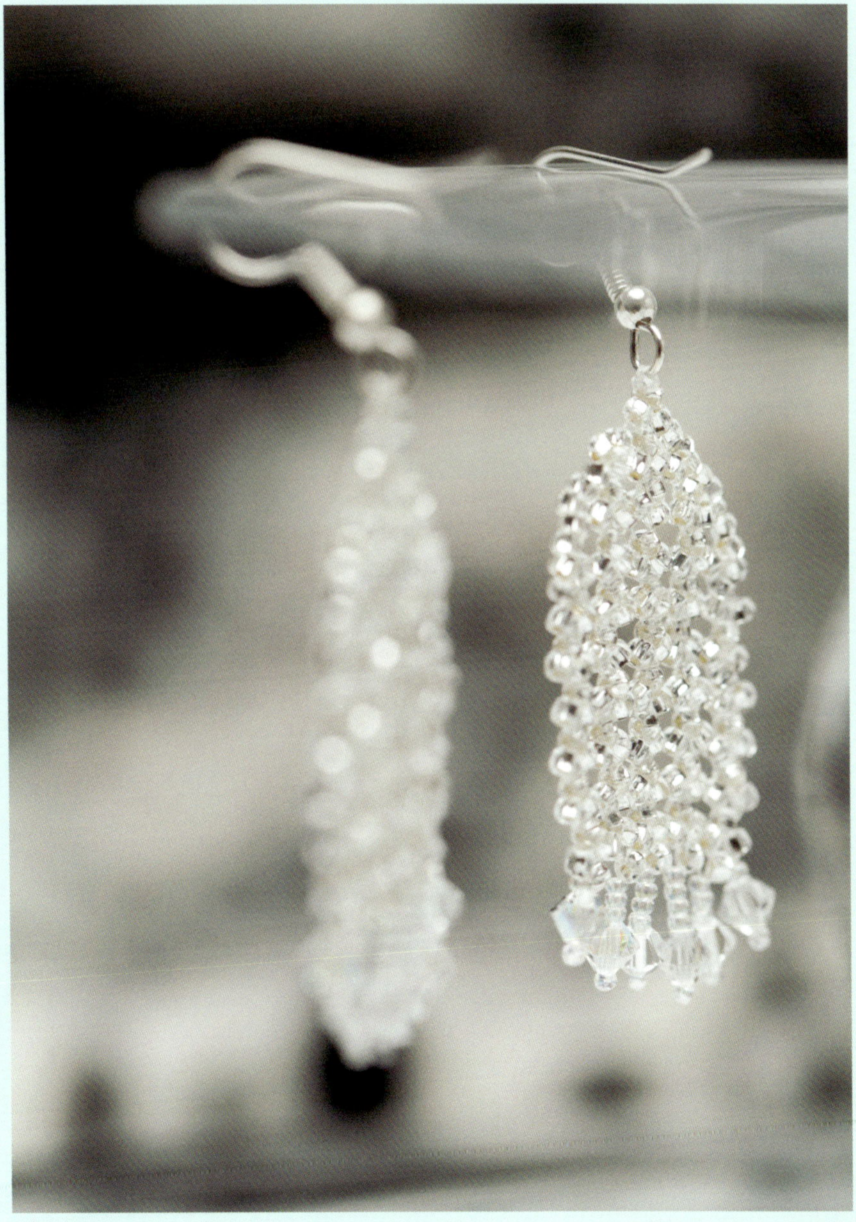

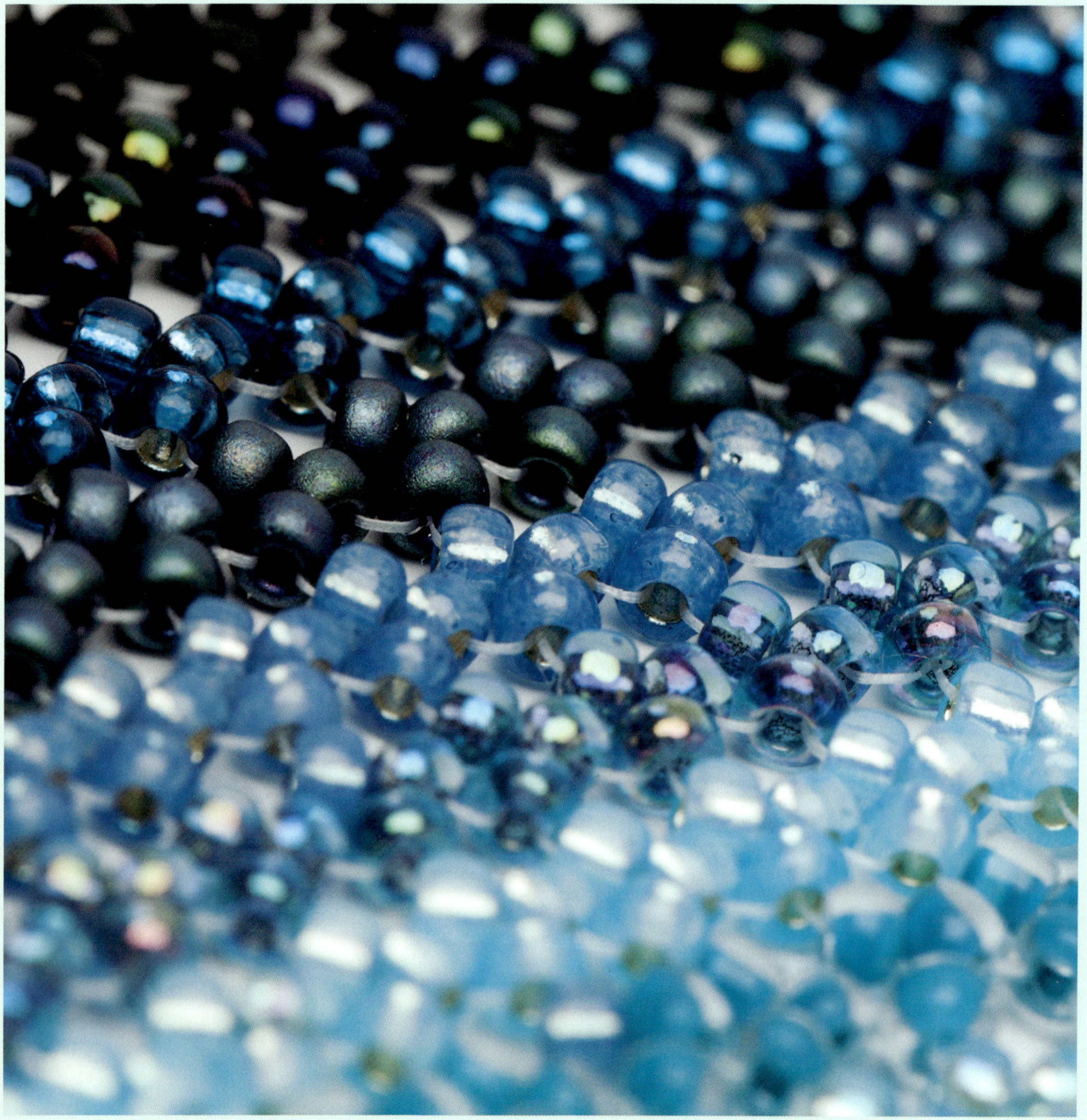

KAPITEL ZWEI

• • •

Hubble-Stich

KAPITEL ZWEI

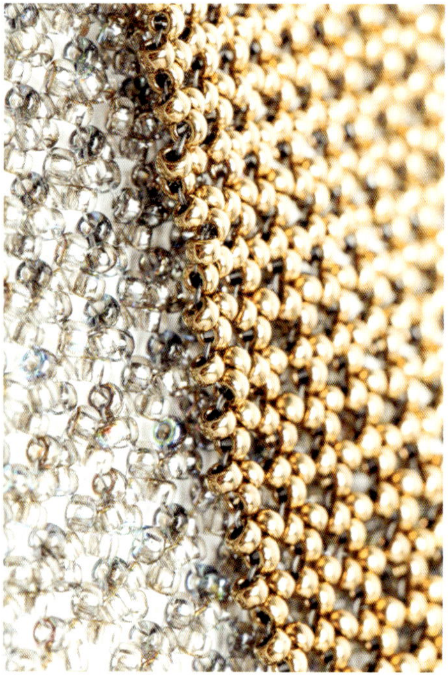

Hubble-Stich

Wenn ich unterrichte, versuche ich, Parallelen von der Perlenarbeit zu erkennbaren, bekannten Formen zu ziehen, um damit den Studenten zu helfen, die Nadel korrekt zu positionieren. Der Peyotestich zum Beispiel charakterisiert sich durch eine Obenperle-Untenperle Form, welche wie die Brüstung einer mittelalterlichen Burg aussieht, also nenne ich die Obenperlen „Zinnen". Als ich diese Überlegungen zum Hubble-Stich machte, hatte ich viel Spaß und Sie werden gleich sehen, warum.

Als Grundsatz beim Beginn einer Perlenarbeit gilt (und dabei spielt es keine Rolle wie erfahren Sie sind), dass die ersten Stiche immer knifflig sind und dass die Basisreihe des gewählten Stichs oftmals unterschiedlich gearbeitet wird. Es ist immer die zweite Reihe, die alles ins Lot bringt, und bei der der wahre Stich gearbeitet wird. Die Neuigkeit ist, dass der Hubble-Stich da keine Ausnahme macht!

Lassen Sie uns mit dem einfachen Hubble-Stich beginnen und auf dem Weg werden Sie mit der Terminologie zusammentreffen. Ich werde in dieser frühen Phase sehr ins Detail gehen, da ich möchte, dass Sie Spaß haben.

Als ich begann, die Möglichkeiten des Hubble-Stichs zu erkunden, fädelte ich kleine Musterstücke in der Größe von 6 Stichen und 6 Reihen mit ca. 1 m Faden und einer einzigen Farbe 11/0 Saatperlen. Ich schlage genau dies als guten Beginn mit dem Hubble-Stich vor und empfehle, danach die Projekte am Ende der Kapitel zu arbeiten.

Basisreihe:

1 **Phase 1**: Nehmen Sie 3 Perlen auf und fädeln Sie in gleicher Richtung ein zweites Mal durch die zuerst aufgenommene Perle, um einen Ring zu erhalten.

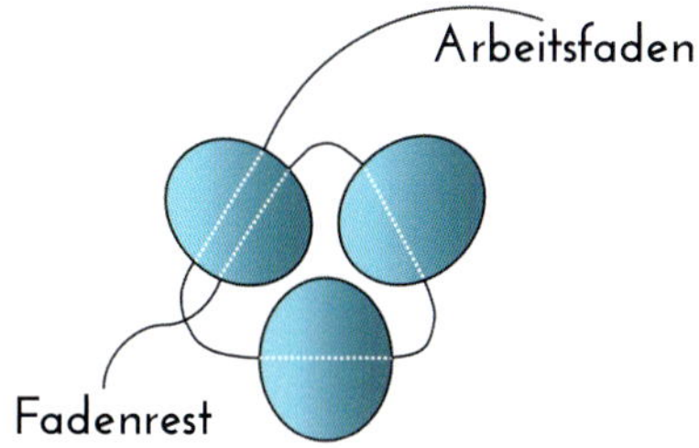

2 **Phase 2**: Nehmen Sie 1 Perle auf. Fädeln Sie durch die benachbarte Perle des Rings und lassen Sie dabei die neue Perle an ihren Platz rutschen.

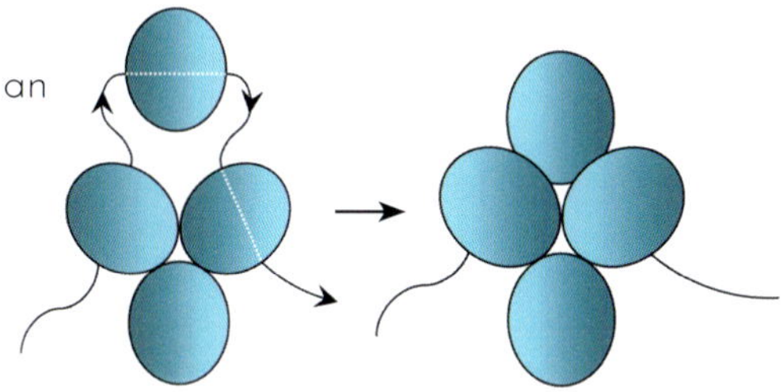

Dies komplettiert einen Basis-Hubble-Stich.

3 Wiederholen Sie **Phase 1**. Lassen Sie sich nicht dazu verleiten, durch die Perlen des vorigen Stichs zu fädeln.

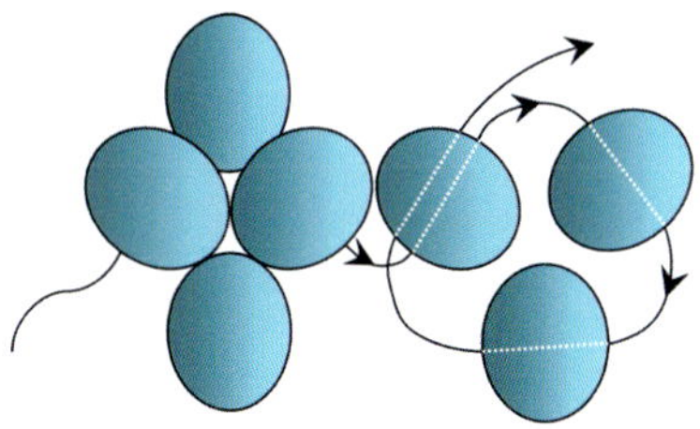

4 Wiederholen Sie **Phase 2**, um einen zweiten Basisstich fertigzustellen. Schieben Sie die Perlen aneinander!

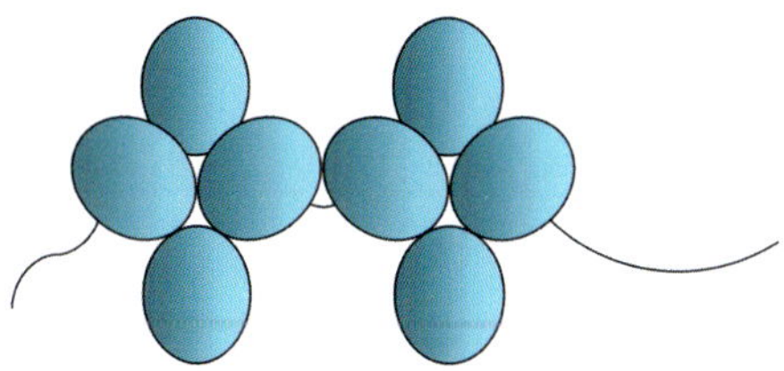

Die Perlen einer Reihe einzelner Hubble-Stiche sollten sich berühren, aber nicht so eng aneinanderliegen, dass sie sich überlappen; dies stört die Linie. Wenn Sie bemerken, dass Sie einen Stich zu dicht an seinen Nachbarn herangeschoben haben, schieben Sie Ihre Nadel vorsichtig zwischen die beiden Stiche und schieben die Stiche sanft auseinander, sodass sie sich gerade noch berühren.

Das braucht ein wenig Übung und diese kommt beim Arbeiten automatisch.

5 Arbeiten Sie einige weitere Hubble-Stiche und schieben Sie sie zusammen.

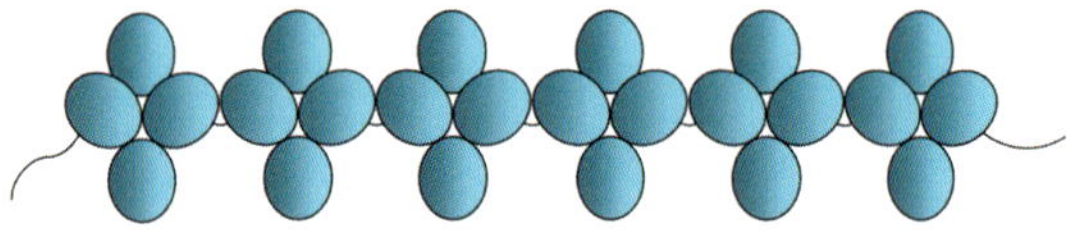

Aufgepasst! Sehen Sie sich Ihre Reihe an und bemerken Sie, dass jeder Stich eine definierte Form hat, mit einer Unterkante, welche die 3-perlige Basis der Phase 1 ist, und einer Oberkante, welche die Kopfperle aus Phase 2 ist.

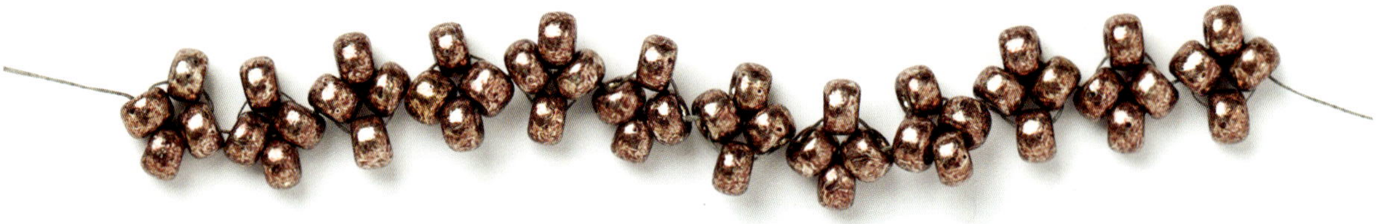

Workshop-Tipp 1: In der Realität liegen die Stiche nicht exakt in einer Linie, wie es die Grafik von Schritt 5 zeigt; manche zeigen nach oben und manche nach unten. Jedoch werden die Stiche in eine nach oben weisende Position gebracht, **während Sie die zweite Reihe arbeiten**. Also versuchen Sie nicht, diese vorher zu korrigieren.

Workshop-Tipp 2: Schauen Sie auf die Verbindung der einzelnen Stiche auf dem Foto. Sehen Sie, dass, wenn zwei nach oben gerichtete Stiche nebeneinander liegen, diese sich gerade so berühren und ordentlich nebeneinander liegen? Schauen Sie auf eine Verbindung zweier unterschiedlicher Stiche (und davon gibt es einige) – da ist eine kleine Lücke! Beim Fädeln habe ich darauf geachtet, dass sie sich gerade berühren und beide waren nach oben gerichtet. Als ich jedoch zum nächsten Stich übergegangen bin, hat sich einer herumgedreht und die Lücke ist erschienen. Das bedeutet nicht, dass ich zurückgehen und sie geradeziehen muss. Dies zu tun, würde bedeuten, dass sich Ihre Perlenarbeit später biegen, und die gesamte gerade Linie ruinieren würde. Wenn die zweite Reihe gearbeitet wird und dann beide nach oben zeigen, wird die Lücke verschwinden.

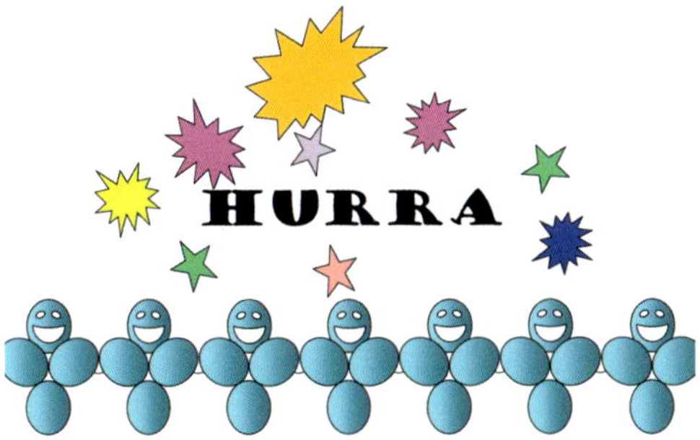

Wenn die Stiche alle nach oben zeigen, sehen Sie für mich aus wie eine kleine Reihe von Tischfußballfiguren, mit ihren nach unten zeigenden Körpern, ihren Armen und nach oben gerichteten Köpfen – kleine Spieler namens Henry, die glücklich „Hurra" rufen.

Wenn sie in die andere Richtung zeigen, machen sie vielleicht gerade einen Kopfstand!

Damit Sie verstehen, welche Perlen ich in den Anleitungen meine, bezeichne ich die Perle aus Schritt 2 als Kopfperle, die gegenüberliegende, senkrecht nach unten zeigende Perle ist die Körperperle und die beiden verbliebenen Perlen sind die Armperlen; die Körper- und Armperlen bilden die Basisperlen.

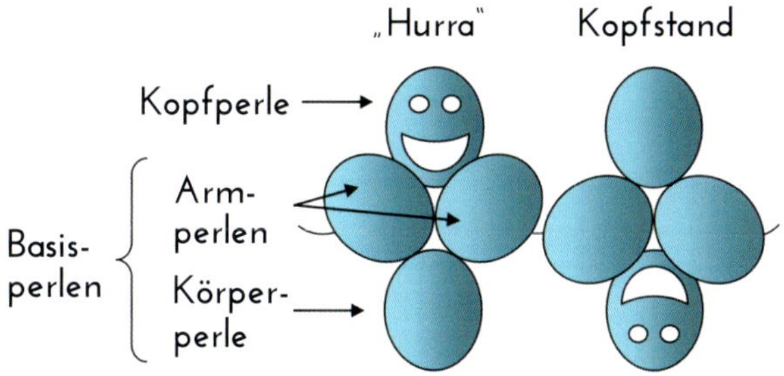

Während beim einfachen Hubble-Stich drei Perlen die Basis bilden, wird sich diese Anzahl ändern, wenn wir zum 2-Perlen- oder 3-Perlen-Hubble-Stich übergehen, aber dazu kommen wir im nächsten Kapitel. Eine weitere Möglichkeit um zu erkennen, ob Ihre Hubble-Stiche nach oben zeigen oder nicht, ist die, dass **die Fäden zwischen den Stichen immer unter den Armen herauskommen müssen.**

Es ist wirklich wichtig, dass Sie sehen können, in welcher Richtung die Basisstiche liegen, denn dies hat Folgen für die kommenden Reihen und ein einzelner Henry im Kopfstand wird sich von den anderen abheben und die Uniformität stören.

Jetzt ist es Zeit, die zweite Reihe zu arbeiten und dabei daran zu denken, dass die Köpfe der Basisreihe die Körper der neuen Reihe sein werden. Sie werden sehen!

6 Um den Aufschritt zu arbeiten, fädeln Sie durch den Hubble-Stich und kommen mit Ihrer Nadel aus der Kopfperle heraus.

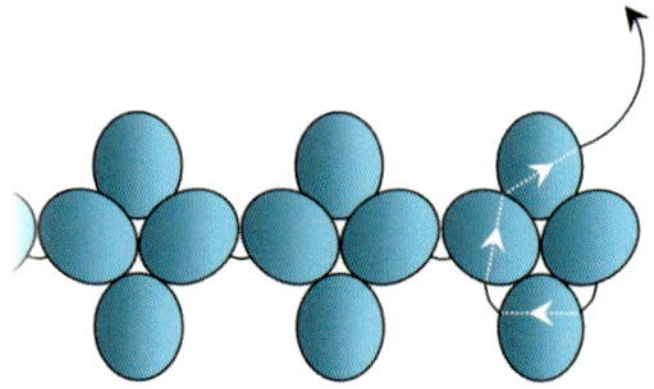

Workshop-Tipp 3: Beachten Sie, dass, wenn Sie den Aufschritt gemacht haben, der Faden immer von der Perlenarbeit weg zeigt und somit bereit für die nächste Reihe ist.

Zweite Reihe:

7 **Erster Stich – Phase 1**: Nehmen Sie 2 Perlen auf und formen Sie diese zu einem Ring, indem Sie in derselben Richtung durch die Kopfperle der Vorreihe fädeln (aus der der Faden herauskommt). Fädeln Sie durch die erste der beiden soeben hinzugefügten Perlen vor.

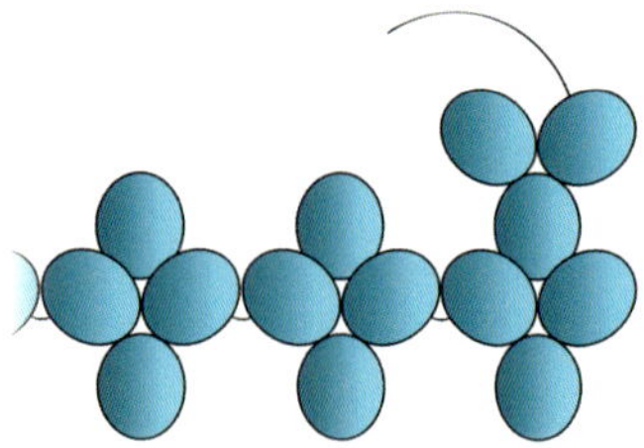

Aufgepasst! Das ist das Äquivalent für den Ring aus 3 Perlen, welchen Sie für jeden Basisstich in Schritt 1 gemacht haben, und bringt Sie in die richtige Position für Schritt 2.

8 **Phase 2**: Nehmen Sie 1 Perle auf und fädeln Sie nach unten durch die nächste Armperle.

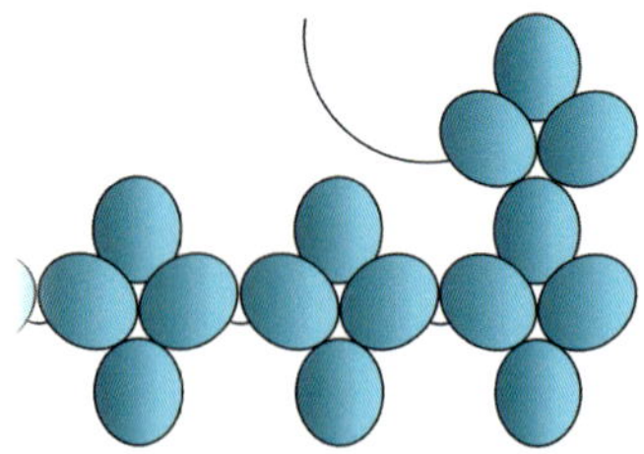

Aufgepasst – dies ist ein großes „Aufgepasst!" Schauen Sie genau auf den nächsten Basis-Hubble-Stich und fragen Sie sich diese sehr, sehr wichtige Frage:

Ist dies ein glücklicher „Hurra Henry", oder macht er Kopfstand?

Diese Frage werden Sie sich jetzt bei jedem Stich der zweiten Reihe stellen. Wenn die zweite Reihe erst beendet ist, spielt das keine Rolle mehr, da die Stiche dann automatisch in der richtigen Position sind und sich nicht mehr drehen können.

9 **Zweiter Stich – Phase 1**: Nehmen Sie 2 Perlen auf. **Fragen Sie die Frage,** um sicherzustellen, dass der Stich „Hurra" ruft (wenn nicht, wenden Sie die Perlen wie bei einer Tischfußballfigur – Sie können das tun, indem Sie Ihre Nadel in der Kopfperle stecken und drehen) und fädeln Sie in Richtung des vorigen Stichs durch die Kopfperle der Vorreihe; mit anderen Worten: **Rückwärts**!

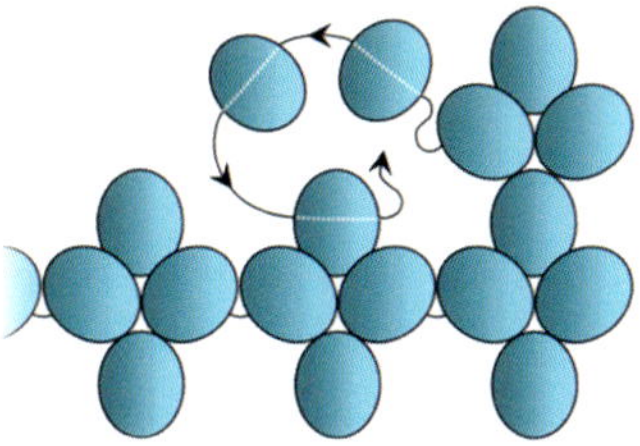

10 (Immer noch **Phase 1**): Fädeln Sie durch die soeben zuerst hinzugefügte Perle vor, sodass Sie bereit für die neue Kopfperle sind.

Schieben Sie den Stich an den vorigen!

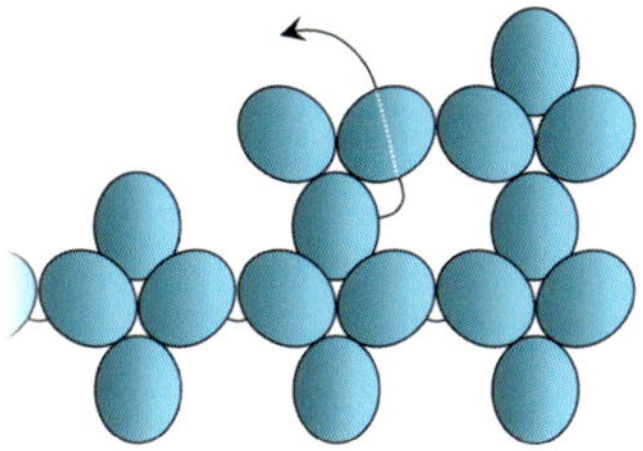

11 **Phase 2**: Nehmen Sie 1 Perle auf und fädeln Sie durch die folgende Armperle (dieselbe wie für einen Hubble-Basis-Stich).

Vervollständigen Sie die zweite Reihe und arbeiten Sie die Stiche wie den zweiten Stich. Fädeln Sie den Aufschritt so, wie Sie es am Ende der Basisreihe getan haben und denken Sie daran, dass Sie in der dritten und den folgenden Reihen die Frage nicht mehr stellen müssen, denn dann rufen alle **HURRA!**

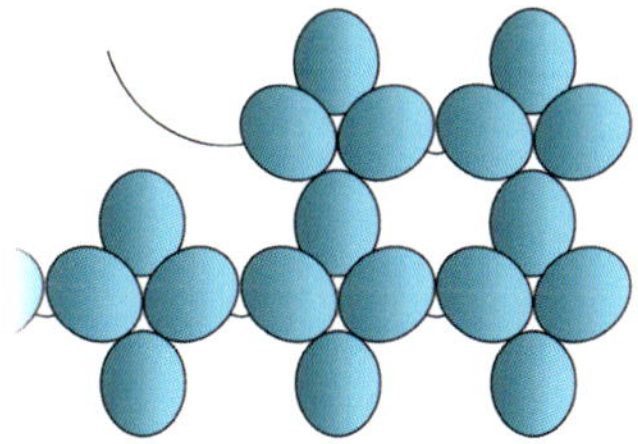

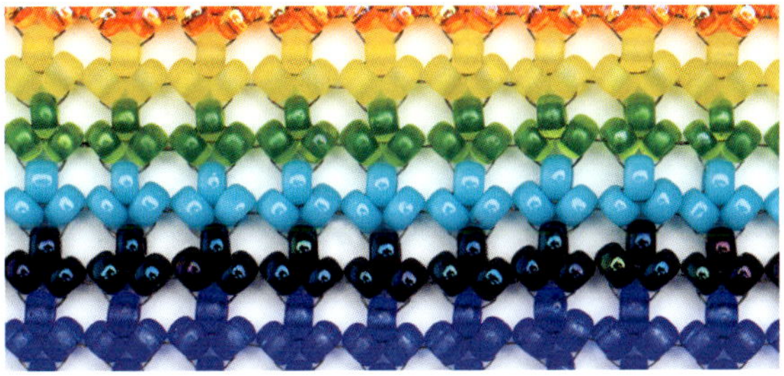

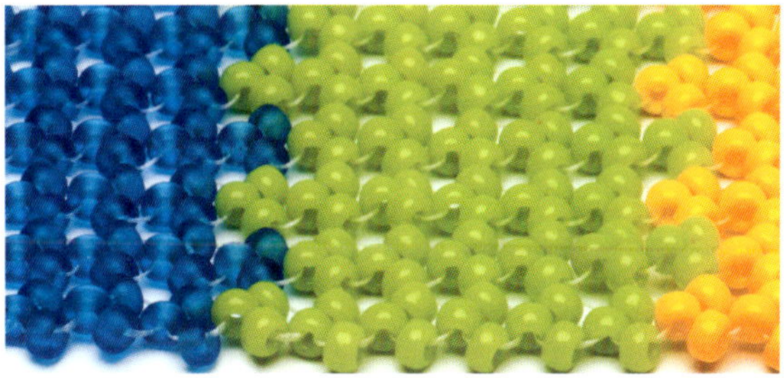

PROJEKT 1 - „SPECTRUM"

Der Hubble-Stich hat eine bestimmte Richtung und Ordnung und die Farbwechsel in diesem einfachen Armband zeigen dies hervorragend! Die Blümchenperlen („Daisy") ergeben eine reizvolle Besonderheit und verdecken raffiniert die Ösen des Verschlusses. Der Streifen wird waagerecht gearbeitet, was bedeutet, dass das Armband in der Breite wächst und nicht in der Länge: Dies erfordert aber auch eine lange Basisreihe, welche sehr gut dazu geeignet ist, dass Sie sowohl die Fadenspannung als auch die Fragestellung in der zweiten Reihe üben.

Die sieben Farben des Spektrums gehen wunderschön ineinander über. Versuchen Sie diese Kombination oder verwenden Sie Ihre eigenen Lieblingsfarben. In diesem Armband habe ich Frosted Violet (A), Metallic Dark Blue Iris (B), Opaque Turquoise Blue (C), Grass Green-Lined Chartreuse (D), Frosted Canary Yellow (E), Orange AB (F) und Frosted Ruby AB (G) verwendet.

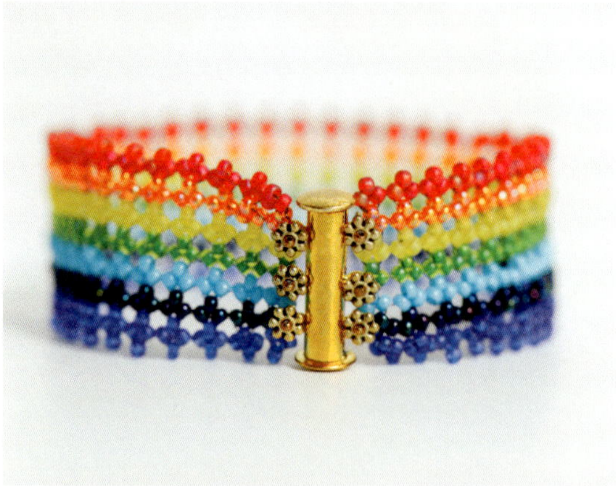

Was Sie benötigen:

- 2g 11/0 Saatperlen in jeder der 7 Farben (A, B, C, D, E, F, G)
- 12x 15/0 tschechische Charlotten (H), zur Befestigung der Zwischenperlen
- 6x Zwischenperlen, 5 mm, „Daisy" (J)
- 1x Verschluss, 3-reihig

1. Nehmen Sie eine gute Armlänge Faden und lassen Sie einen ca. 30 cm langen Fadenrest übrig. Arbeiten Sie so viele Hubble-Stiche der Farbe A, dass diese bequem um ihr Handgelenk passen. Beachten Sie dabei, dass der Verschluss der Gesamtlänge ca. 1 cm hinzufügt.
2. Fädeln Sie die zweite Reihe in der Farbe B und vergessen Sie dabei nicht, bei jedem Stich die wichtige Frage zu stellen!
3. Arbeiten Sie die dritte Reihe in der Farbe C, die vierte in D und so weiter, bis Sie alle 7 Reihen fertiggestellt haben.

Den Verschluss anbringen: Für die meisten der geraden Hubble-Projekte habe ich magnetische Schiebeverschlüsse verwendet, da diese hübsch aussehen und sich einfach anbringen lassen.

Verwenden Sie den Arbeitsfaden, um dieses Armbandende mit den Armperlen an einem Verschlussteil zu befestigen und das Fadenende für die andere Seite.

Teilen Sie die Nummern 1-7 den Reihen zu (Nummer 1 ist die als siebtes gearbeitete Reihe und Nummer 7 ist die Basisreihe). Der sieben Reihen breite Streifen passt genau zur Länge des Schiebeverschlusses, trotzdem sind nur die Armperlen der Reihen 2, 4 und 6 Verbindungspunkte, da sie ungefähr mit den drei Ösen des Schiebeverschlusses auf einer Höhe liegen.

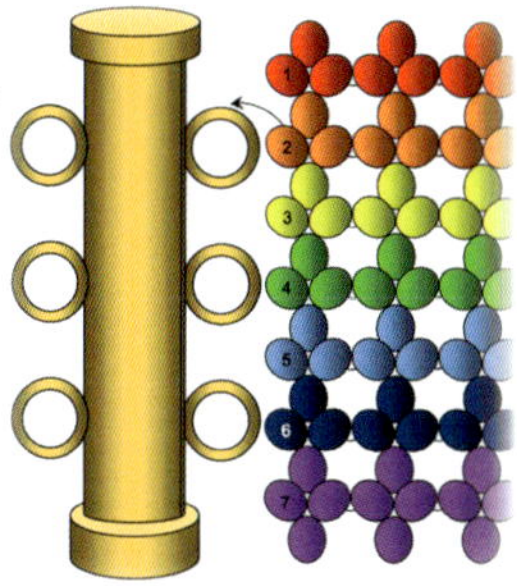

4. Fädeln Sie nochmals durch den letzten Hubble-Stich, um diesen zu sichern und fädeln Sie dann dem Fadenlauf folgend nach unten, um mit der Nadel aus der freien Armperle der Reihe 2 herauszukommen.

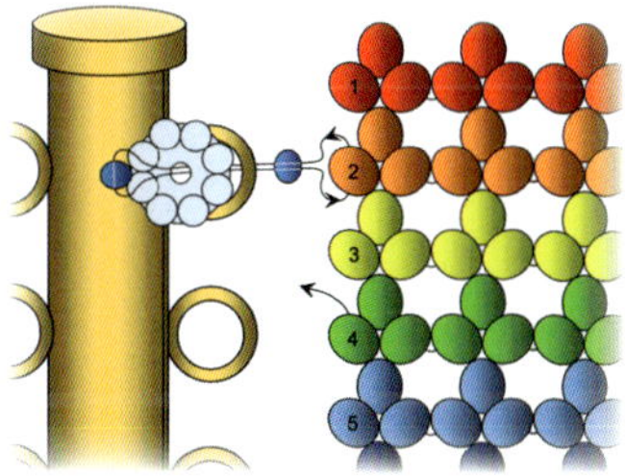

5. Nehmen Sie 1x H auf und fädeln Sie durch die erste Öse eines Verschlussteils. Nehmen Sie 1x J und 1x H auf, überspringen Sie die H Perle, fädeln Sie nach unten durch die J Perle, die Verschlussöse und die zuerst hinzugefügte H Perle. Fädeln Sie dann so weiter durch die Armperle, dass der Faden wie zu Beginn heraustritt.

   Ziehen Sie am Faden und wiederholen Sie den Fadenlauf, um ihn zu sichern. Fädeln Sie dann so vor, dass Sie mit der Nadel aus der Armperle der Reihe 4 herauskommen.

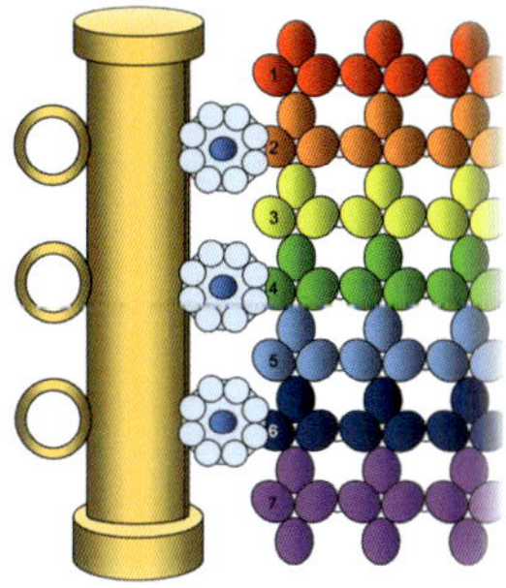

6. Verbinden Sie die beiden verbliebenen Verschlussösen auf dieselbe Art, vernähen Sie den Faden und schneiden Sie ihn ab.

7. Bringen Sie das zweite Verschlussteil mit dem Fadenende ebenso an.

Varianten

- Arbeiten Sie das Armband mit anderen Perlengrößen. Obwohl größere Perle gröber aussehen werden, zeigen Sie die Spitzenartigkeit des Stichs sehr gut.
- Eine hübsche Variante des Armbands ist, einen Farbverlauf aus dunklen hin zu hellen Tönen zu arbeiten. Wählen Sie z.B. zehn Schattierungen Ihrer Lieblingsfarbe; von hell zu dunkel. Arbeiten Sie die Basisreihe im dunkelsten und jede weitere Reihe in einem helleren Farbton; so wie es Jean in ihrem blauen Armband auf Seite 16 getan hat.
- Wie Sie gesehen haben, wird das Armband mit horizontalen Reihen über seine Länge gearbeitet. Probieren Sie das Armband über seine Breite zu fädeln. Nehmen Sie 10 Stiche als Basisreihe und arbeiten Sie dann so viele Reihen, dass das Armband um Ihr Handgelenk passt. Fädeln Sie es aus einer Farbe oder fertigen Sie ein Multicolor-Armband an. Wenn Sie den Farbeffekt gleichmäßig verteilt haben möchten, fädeln Sie ein Teststück, um zu ermitteln, wie viele Reihen Sie für den Umfang Ihres Handgelenks arbeiten müssen (bedenken Sie dabei die Breite des Verschlusses). Teilen Sie dann die Anzahl der Reihen durch die Anzahl der gewünschten Farben. Um einen senkrechten Regenbogen um Ihr Handgelenk zu arbeiten, teilen Sie einfach die Gesamtzahl der Reihen durch sieben, um herauszufinden, wie viele Reihen pro Farbe Sie fädeln müssen. Der Verschluss wird in gleicher Art wie zuvor angebracht, jedoch an den Kopf- und Körperperlen und nicht an den Armperlen. Das fertiggestellte Armband wird um Ihr Handgelenk fließen.
- Wechseln Sie die Farbe nicht am Anfang einer neuen Reihe, sondern lassen Sie die Farben ineinanderfließen, indem Sie eine oder zwei Übergangsreihen arbeiten. Bei diesen Reihen können die Stiche abwechselnd in beiden Farben gearbeitet werden. Effektvoller wird dies bei 15/0 Perlen. Die Regenbogenfarben in Erikas Armband (Seite 6 und 23) haben einen Übergang aus einer Reihe.
- Denken Sie daran, dass jeder Stich von seinem direkten Nachbarn unabhängig ist; Sie können also zufällige oder symmetrische Farbmuster aus verschiedenfarbigen Stichen arbeiten.
- Verteilen Sie zufällig echte Perlen oder Kristalle über das Armband, indem Sie sie in die kleinen Zwischenräume zwischen den Stichen nähen. Sandra hat in ihrem Armband Streifen aus Silberperlen eingearbeitet und dann noch der Oberfläche Perlen hinzugefügt (Seite 35).

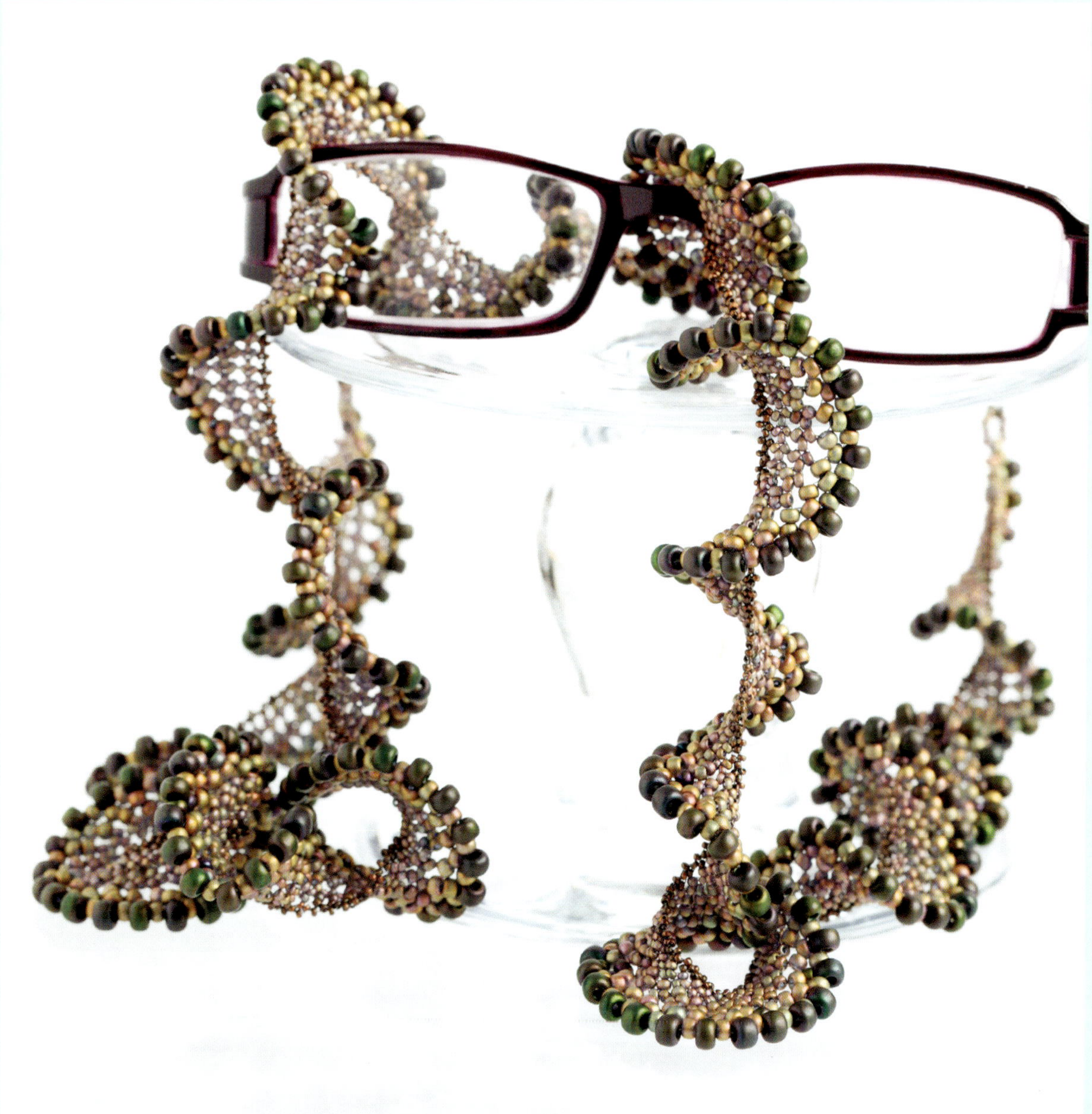

PROJEKT 2 - „SPEX VOTEX"

Das Verändern der Perlengröße in einer Reihe bringt die Individualität jedes einzelnen Hubble-Stichs wunderschön zum Vorschein. Dies erzeugt Wirbel neben Wirbel und ist eine spektakuläre Möglichkeit, den Hubble-Stich in Bewegung zu sehen. Ich habe die Wirbel in diesen schönen Erdtönen gearbeitet: Frosted Metallic Khaki und Dark Khaki Iris.

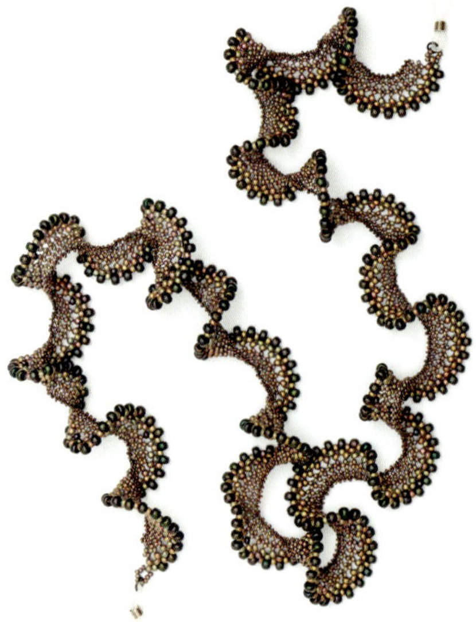

Was Sie benötigen:

- 2g 15/0 tschechische Charlotten (A)
- 4g 15/0 Saatperlen (B)
- 10g 11/0 Saatperlen (C)
- 33g 8/0 Saatperlen (D)
- 30g 6/0 Saatperlen (E)
- 2x Biegeringe und 1 Paar Brillenverbinder aus Gummi

1. Arbeiten Sie mit einer guten Armspanne Faden folgende vier Hubble-Basisstiche: Erster Stich aus A, zweiter Stich aus B, dritter Stich aus C und vierter Stich aus D Perlen; Aufschritt.

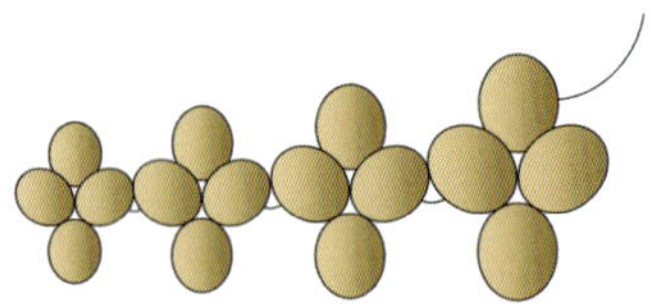

2. Fädeln Sie die zweite Reihe aus vier Stichen dieser Perlen: D, C, B und A. Bereits jetzt können Sie sehen, wie es sich dreht.

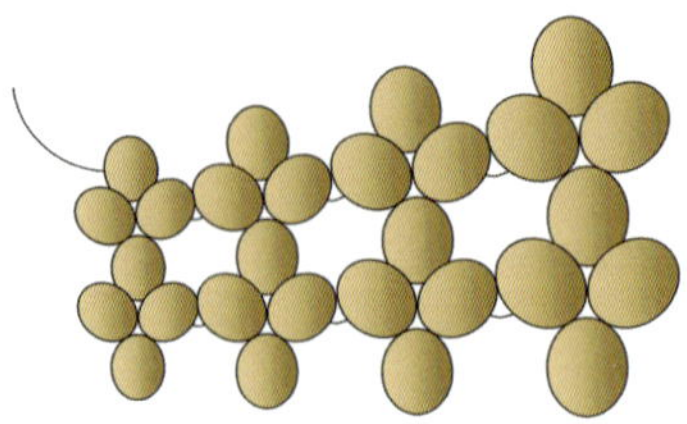

3. Wiederholen Sie die Schritte 1 und 2, bis Sie mit der Länge zufrieden sind und beenden Sie die Kette mit einer ungeraden Anzahl Reihen (hier sind es 325 Reihen). Die Stiche für die ungeraden Reihen werden von A zu D Perlen gearbeitet und die Stiche der geraden Reihen von D zu A Perlen.

   Arbeiten Sie den Aufschritt und kommen Sie mit der Nadel aus der D Kopfperle heraus.

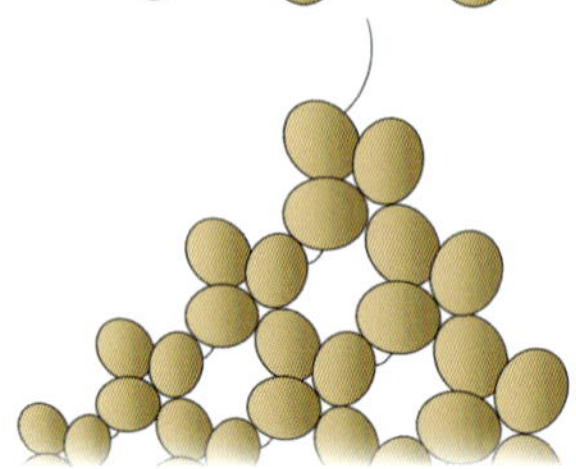

PROJEKT 2 - „SPEX VOTEX"

4 Nehmen Sie 9x B Perlen auf und fädeln Sie nochmals durch die D Perle, um einen Ring zu erhalten.

Fädeln Sie nochmals durch den Ring, um diesen zu sichern und kommen Sie mit der Nadel aus der Armperle heraus. Ziehen Sie die Perlen fest.

Dies ist die Öse, um die Brillengummis anzubringen.

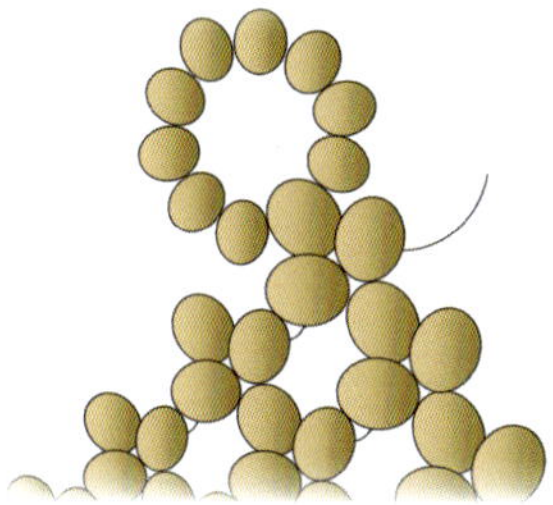

5 Nehmen Sie 1x E auf und fädeln Sie durch die Armperle der Vorreihe (tatsächlich ist dies ein Peyote-Stich, auch wenn die Nachbarperlen in einem leichten Winkel liegen). Ziehen Sie am Faden.

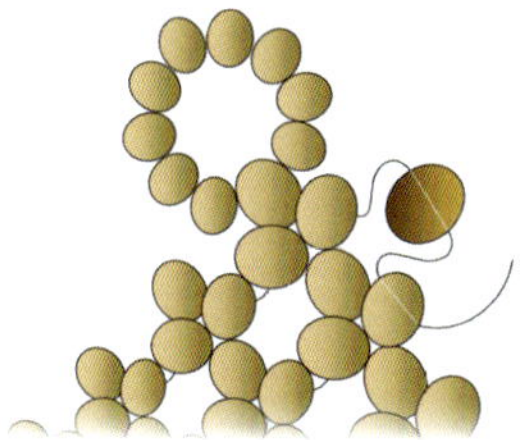

6 Halten Sie eine gute, feste Fadenspannung und fahren Sie damit fort, der gesamten Kette E Perlen in den Zwischenräumen hinzuzufügen. Dies ergibt einen festen Außenrand, unterstützt die Wirbelstruktur und lässt diese hervortreten.

7 Fädeln Sie so vor, dass Sie mit der Nadel aus der D Körperperle herauskommen und arbeiten Sie eine Öse wie zuvor.

8 Verbinden Sie die Brillengummis mithilfe der Biegeringe und zweier Flachzangen mit den Ösen.

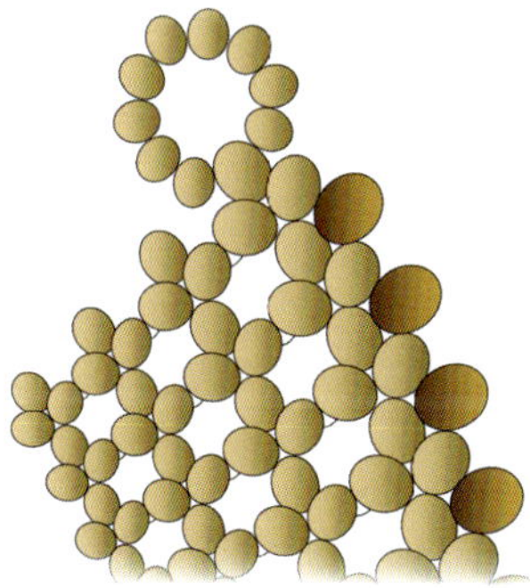

Varianten

- Bleiben Sie nicht nur bei einer Farbe; versuchen Sie einen Farbverlauf, kontrastierende oder sich beißende Farben und erschaffen Sie aufregende, wirbelnde Streifen die Kette entlang.
- Experimentieren Sie mit verschiedenen E Perlen für den Rand, zum Beispiel Triangle Perlen (Perlen in Dreiecksform) für ein gezackteres Aussehen.

PROJEKT 3 - „LA NIÑA"

Mit jeder Veränderung der Technik sah ich mehr und mehr Möglichkeiten! Es ist klar, dass die logische Folge eine Welle war. Der nächste Schritt war also, eine Anzahl von Reihen zu arbeiten, dabei die Kurve sich um maximal 120° in eine Richtung drehen zu lassen, dann die Reihenfolge der Perlen umzustellen und dieselbe Anzahl an Reihen mit der Biegung in die andere Richtung zu arbeiten – es wäre unverschämt gewesen, dies nicht auszuprobieren! Für das Armband habe ich zwei Wellenstreifen gearbeitet und diese dann miteinander verwunden. Ich habe folgende Farben verwendet: Marcasite/Steel (A), Gunmetal (B), Picasso Turquoise (C) und Pale Blue-lined Crystal (D).

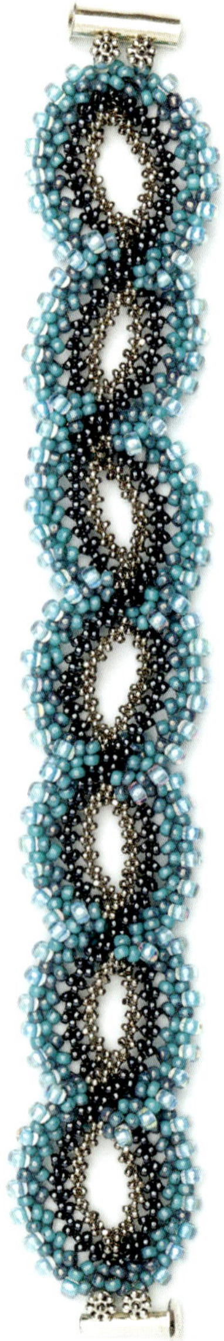

Was Sie benötigen:

- 1g 15/0 tschechische Charlotten (A)
- 2g 15/0 Saatperlen (B)
- 5g 11/0 Saatperlen (C)
- 8g 8/0 Saatperlen (D)
- 1x Verschluss nach Wunsch

1. Arbeiten Sie mit einer guten Armspanne Faden 3 Hubble-Basisstiche aus folgenden Perlen: Erster Stich aus A, zweiter Stich aus B und dritter Stich aus C Perlen; Aufschritt.
2. Die zweite Reihe wird in umgekehrter Reihenfolge gearbeitet (C, B und A Perlen).
3. Arbeiten Sie insgesamt 11 Reihen.
4. 12. bis 22. Reihe (insgesamt 11 Reihen): Kehren Sie die Reihenfolge der Perlengrößen um. Der kleinste Stich wird über dem größten gearbeitet und anders herum. Da die Stichanzahl ungerade ist, wird sich die mittlere Perlengröße nicht ändern. Die Gunmetal Perlen erscheinen wie eine Schlange entlang der Mitte.

PROJEKT 3 - „LA NIÑA"

5 Fahren Sie damit fort, die Perlenreihenfolge alle 11 Reihen zu ändern, bis Sie mit der Länge Ihres Armbands zufrieden sind.

6 Vernähen und schneiden Sie den Arbeits- und Endfaden ab.

7 Lassen Sie einen ca. 25 cm langen Fadenrest übrig und beginnen Sie mit einem neuen Faden an der Basisreihe. Kommen Sie mit der Nadel aus der oberen C Armperle heraus.

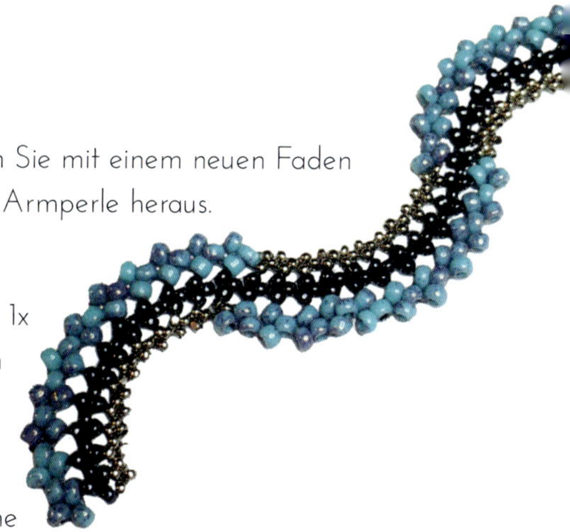

8 Arbeiten Sie eine Reihe im Peyote-Stich und fügen Sie jedem Zwischenraum der gesamten Länge zwischen den Armperlen je 1x D Perle hinzu. Fädeln Sie dabei zur anderen Seite vor, wenn sich die Richtung ändert.

9 Arbeiten Sie einen identischen zweiten Streifen. Legen Sie beide Streifen so nebeneinander, dass jeweils die Basis- und die Endreihe nebeneinander liegen; verwinden Sie beide Streifen miteinander.

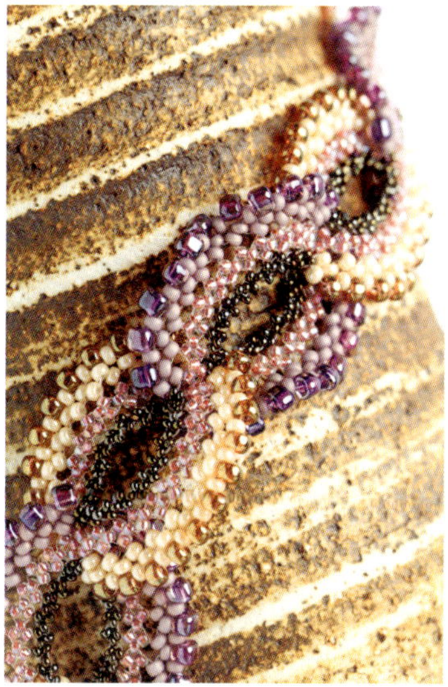

10 Positionieren Sie die letzte C Armperle des einen Streifens über der ersten C Armperle des anderen Streifens und nähen Sie sie zusammen. Überprüfen Sie, ob beide Streifen wirklich exakt gespiegelt liegen, und sichern Sie dann die anderen Enden in der gleichen Art. Zum Schluss verbinden Sie die hervorstehenden Perlen an den Enden mit Ihrem Verschluss.

Varianten

- Verwinden Sie zwei Streifen kontrastierender Farben miteinander. Erika hat zwei Farbzusammenstellungen in ihrem „La Nina" verwendet (Bild links). Die Farben der Wellen entsprechen einander.

- Experimentieren Sie mit verschiedenen Perlengrößen und Sie erhalten sanftere oder schärfer ausgeprägte Biegungen.

PROJEKT 4 - „FANS"

Sie haben mit verschiedenen Perlengrößen gearbeitet und dabei entdeckt, dass sich hübsche Wellen ergeben. Probieren Sie nun einmal verschiedene Perlengrößen pro Reihe aus und Sie erhalten eine wunderschöne Fächerform. Das Projekt zeigt Ihnen schnell und einfach, wie Sie mit verschiedenen Perlengrößen in den horizontalen Perlenreihen arbeiten, und dann können Sie noch etwas Spaß haben, indem Sie die Ohrhänger mit tschechischen Pip™-Perlen verzieren!

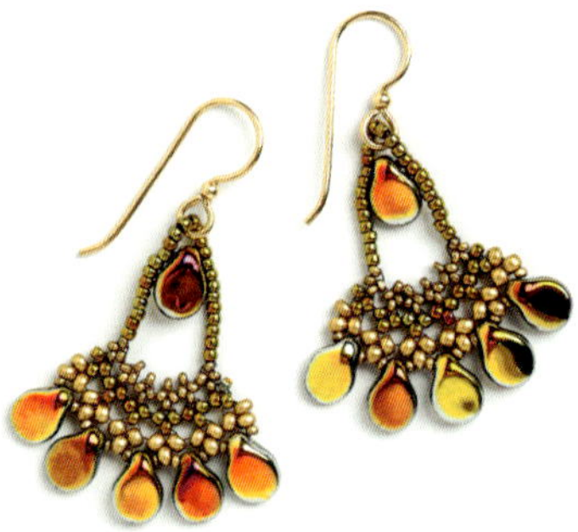

Was Sie benötigen:

- 0,5g 15/0 tschechische Charlotten (A)
- 0,5g 15/0 Saatperlen (B)
- 0,5g 11/0 Saatperlen (C)
- 12x Preciosa Pip™-Perlen (D)
- 1 Paar Ohrhaken
- Flachzange

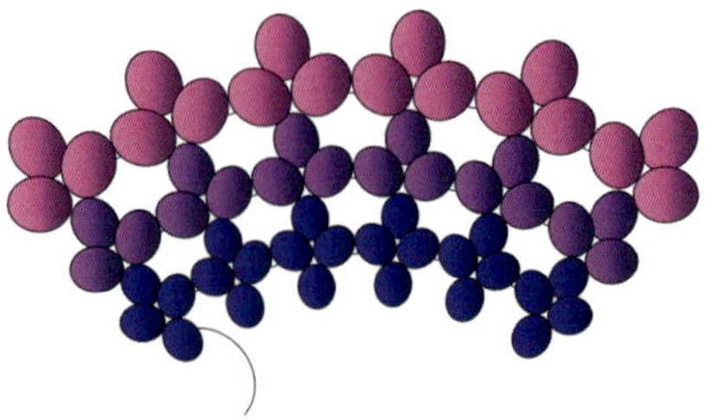

1. Schlagen Sie 6 Stiche aus A Perlen an und arbeiten Sie die zweite Reihe aus B und die dritte Reihe aus C Perlen.

   Fädeln Sie so vor, dass Sie mit der Nadel aus der Körperperle des ersten Hubble-Stichs herauskommen. Achten Sie dabei darauf, dass Sie nur dem Fadenlauf folgen. Der Faden wird am Ende in Richtung Fächermitte herauskommen.

2. Vernähen Sie den Fadenrest.

   Drehen Sie die Perlenarbeit, sodass der Fächer nach unten zeigt, so, wie er später am Ohr hängen wird.

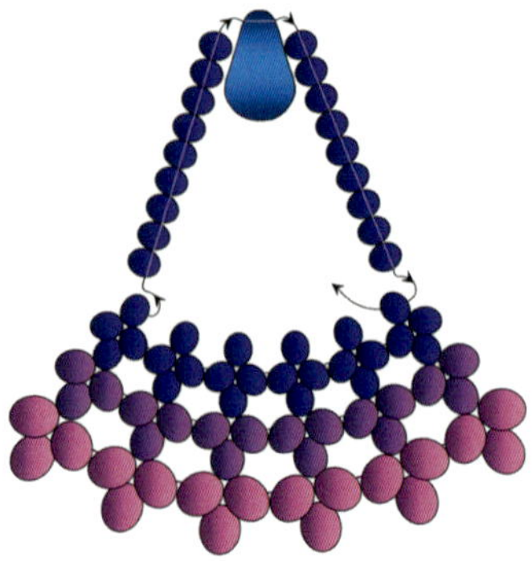

3. Der Faden kommt aus der linken Körperperle am Rand des Fächers heraus. Nehmen Sie 9x A, 1x D und 9x A Perlen auf und fädeln Sie durch die entsprechende A Körperperle auf der rechten Seite des Fächers; Sie erhalten einen Bogen.

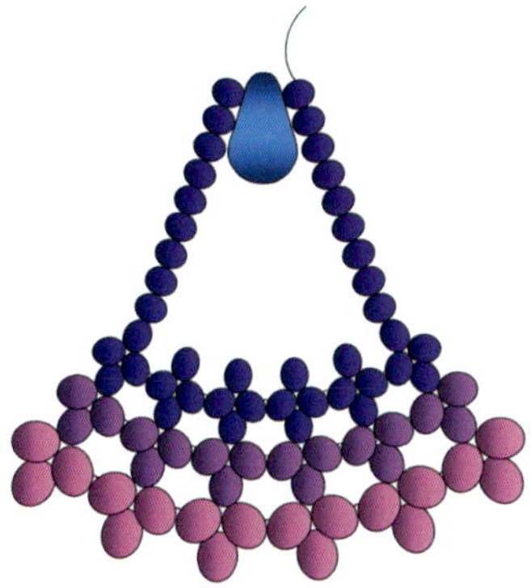

4 Fädeln Sie durch die 9 zuletzt hinzugefügten A Perlen und kommen Sie mit der Nadel neben der D Perle heraus.

Der Bogen ist nun auf der rechten Seite gleichmäßig mit der A Körperperle verbunden. Dies bedeutet, dass der Faden in beiden Richtungen aus der Perle kommt und in die 9 A Perlen läuft.

Die linke Seite des Bogens ist noch nicht gleichmäßig verbunden, da der Faden nur aus einer Seite der A Körperperle durch die 9 A Perlen führt.

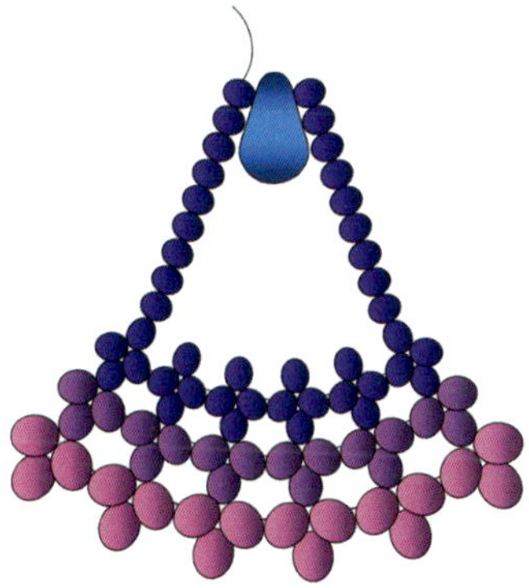

5 So machen Sie die Verbindung gleichmäßig:

- Fädeln Sie durch die D Perle und weiter durch die 9 A Perlen auf der linken Seite des Bogens.
- Fädeln Sie so durch die A Körperperle, dass Sie mit der Nadel wie zuvor in Richtung der Mitte des Fächers herauskommen.
- Fädeln Sie durch die 9 A und die D Perle vor.

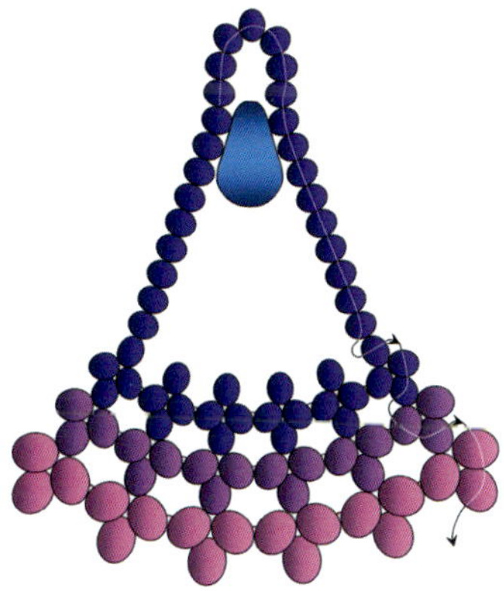

6 Nehmen Sie 7x A Perlen auf und fädeln Sie durch die 9 A Perlen auf der rechten Seite der D Perle. Folgen Sie dem Fadenlauf der Grafik und fädeln Sie so vor, dass Sie aus der C Kopfperle in Richtung Fächermitte herauskommen.

Jetzt kommt die Verzierung...

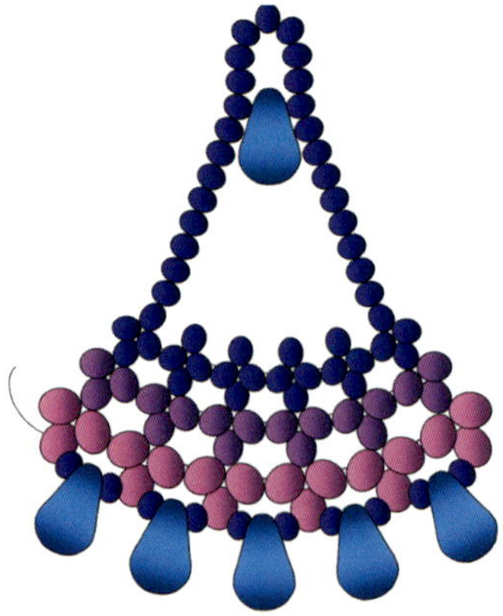

7 Nehmen Sie *1x A, 1x D und 1x A auf und fädeln Sie durch die nächste C Perle. Wiederholen Sie dies ab * vier weitere Male und vernähen Sie den Faden.

Arbeiten Sie den zweiten Ohrhänger und bringen Sie die Ohrhaken an.

Variante

- Tauschen Sie die Pip™-Perle durch Kristalle, Süßwasserperlen oder Tropfen aus.

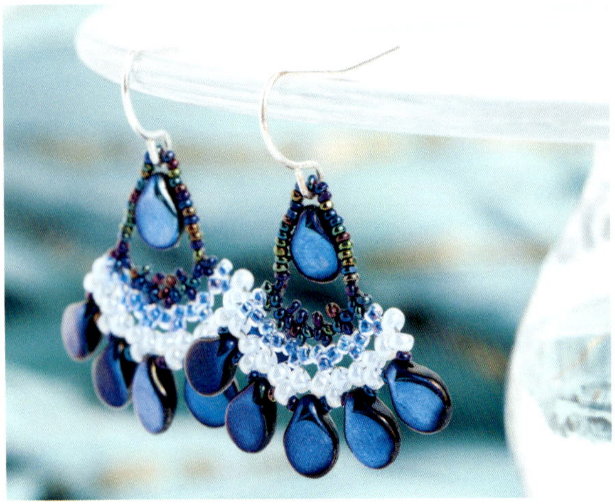

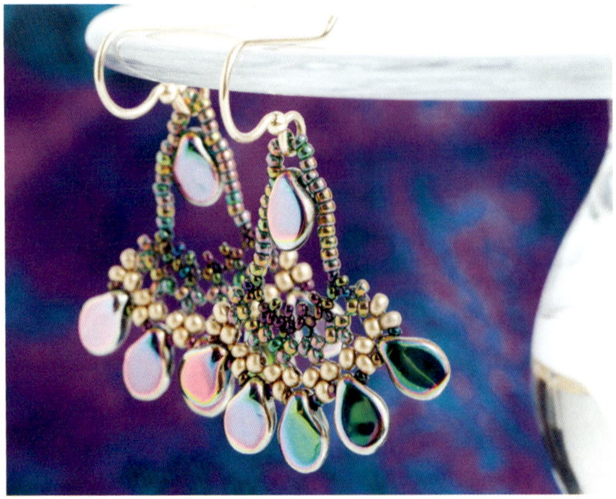

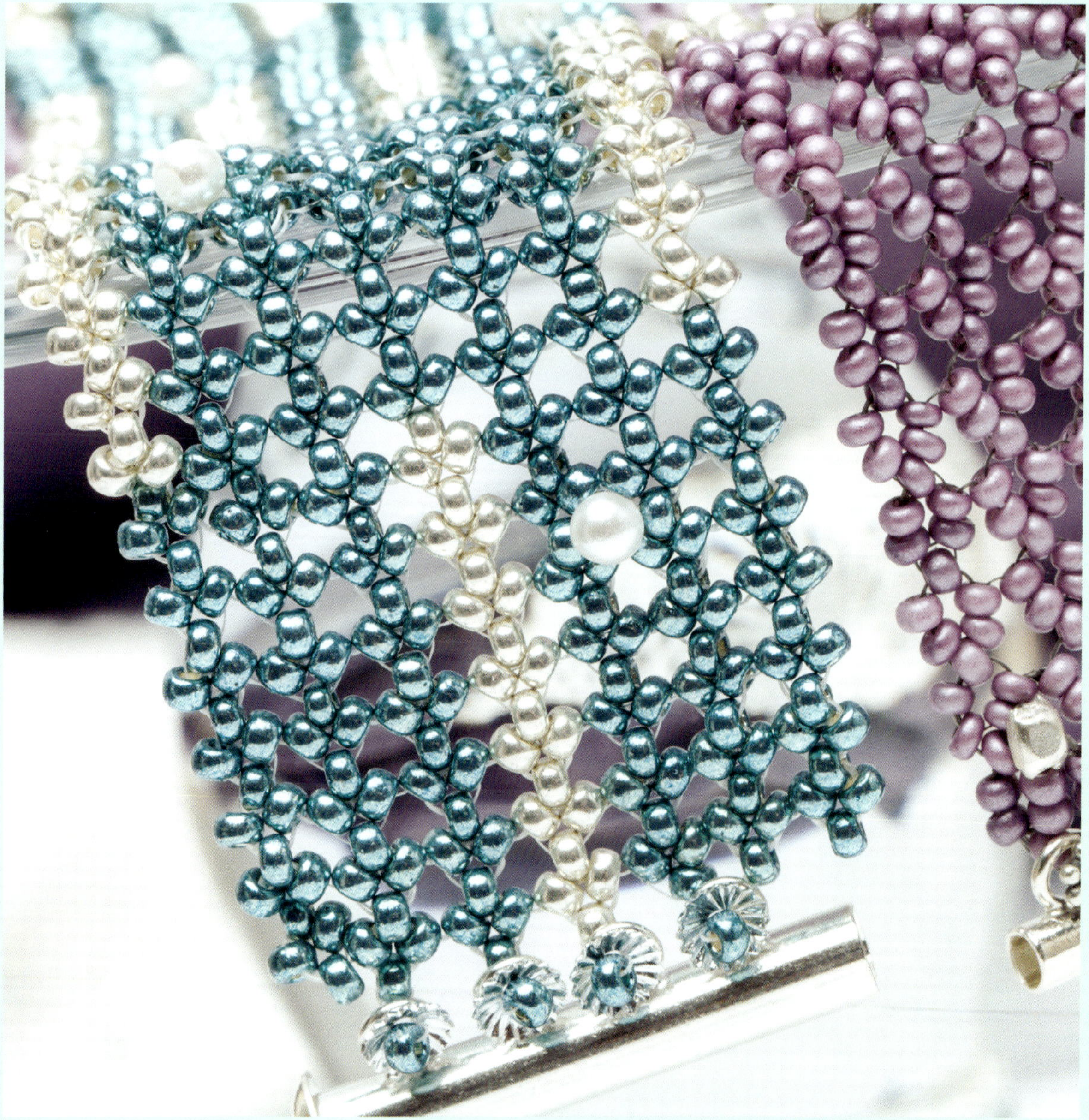

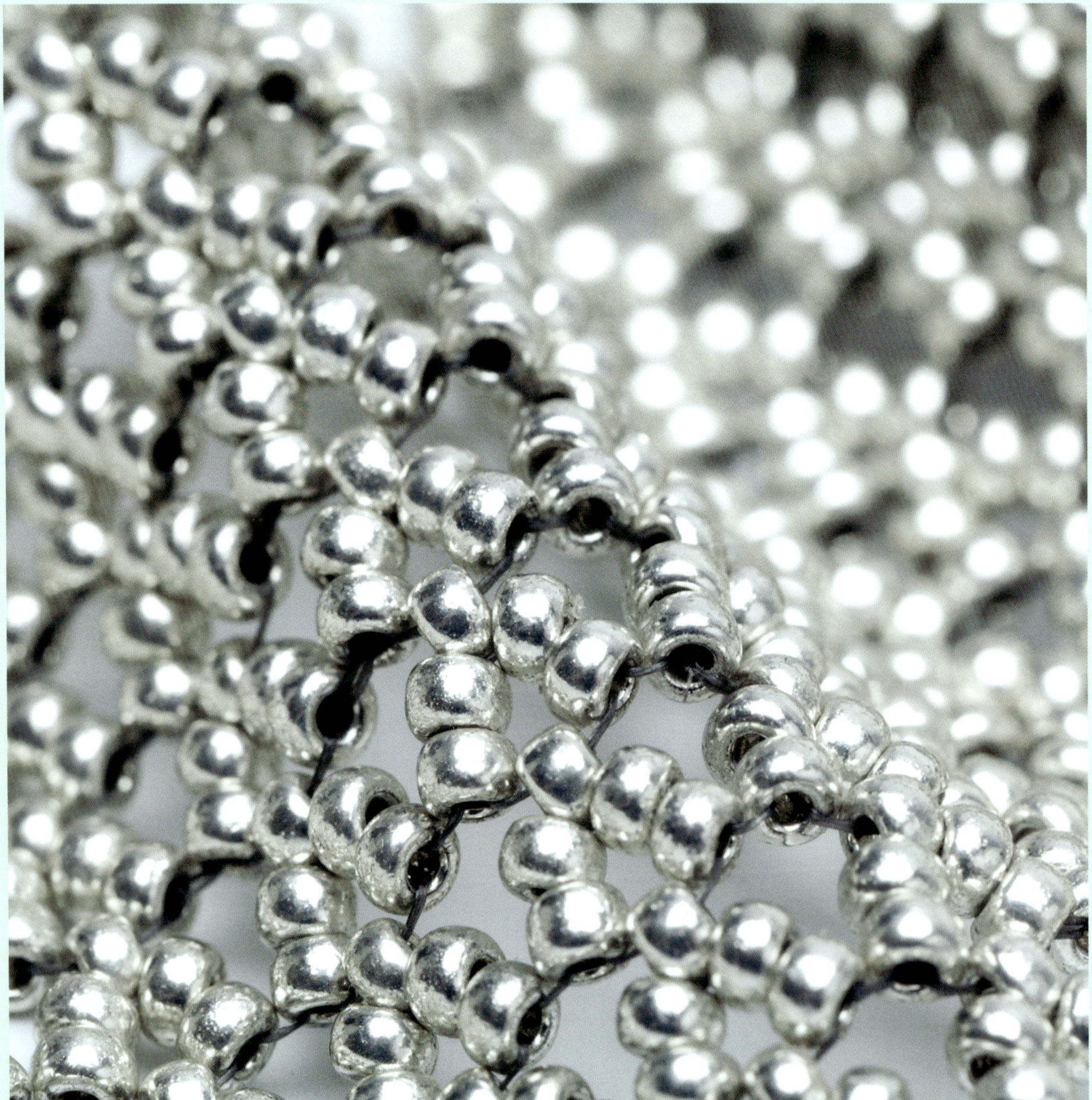

KAPITEL DREI

• • •

2-Perlen- und 3-Perlen-Hubble

KAPITEL DREI

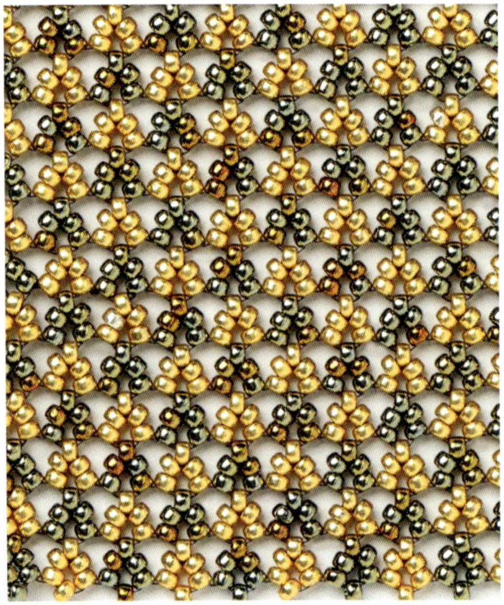

2-Perlen- und 3-Perlen-Hubble-Stich (2-Drop und 3-Drop)

Jetzt ist es an der Zeit, weiter voran zu schreiten und zu sehen, was der Hubble-Stich noch so alles aus dem Ärmel schütteln kann. Als ich mir das erste Mal den 2-Perlen-Hubble-Stich vorstellte, saß ich fädelnd in einem Zug und meine Nadel war gerade abgebrochen. Also konnte ich es nicht ausprobieren, sondern musste mich mit einfachen Zeichnungen der Perlen und des Fadenlaufs zufriedengeben. Ich eilte nach Hause, um es auszuprobieren, und war mit dem Ergebnis absolut zufrieden. Das sich wunderschön wiederholende Perlenmuster übertraf meine Erwartungen und ich konnte in dieser Nacht nicht damit aufhören, bis ich mein erstes 2-Perlen-Hubble-Stich-Armband fertig hatte.

2-Perlen-Hubble-Stich (2-Drop Hubble)

Basisreihe:

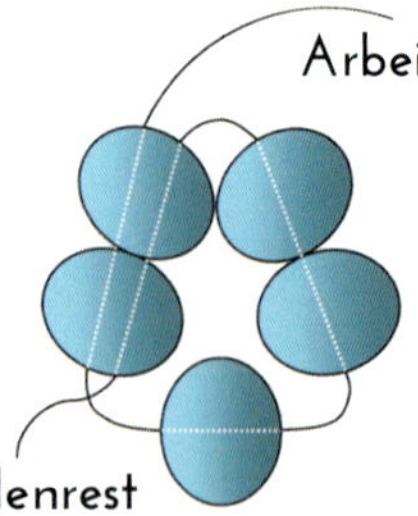

1 **Phase 1**: Nehmen Sie 5 Perlen auf und machen Sie einen Ring, indem Sie nochmals in gleicher Richtung durch die beiden zuerst aufgenommenen Perlen fädeln.

Beim 2-Perlen-Hubble-Stich nehmen Sie anstelle von 3 Perlen 5 Perlen auf.

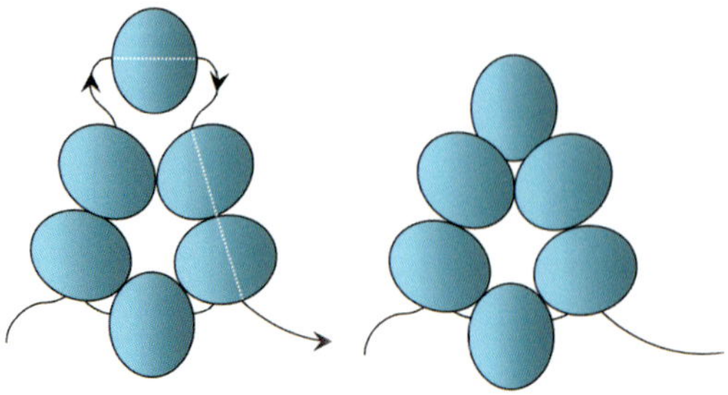

2 **Phase 2**: Nehmen Sie 1 Perle auf und fädeln Sie durch die benachbarten zwei Perlen des Rings.

Dies stellt einen Basis-2-Perlen-Hubble-Stich fertig.

3 Schieben Sie die nächsten Stiche an die vorigen heran. Wiederholen Sie die Schritte 1 und 2 einige weitere Male. Fädeln Sie so vor, dass Sie mit der Nadel aus der Kopfperle herauskommen, um den Aufschritt zur Reihe zwei zu machen.

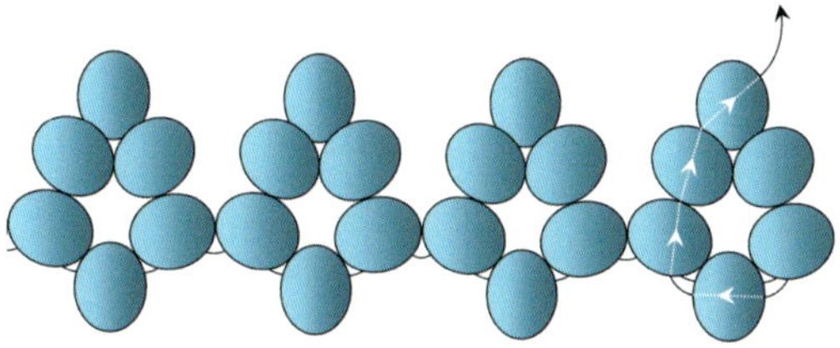

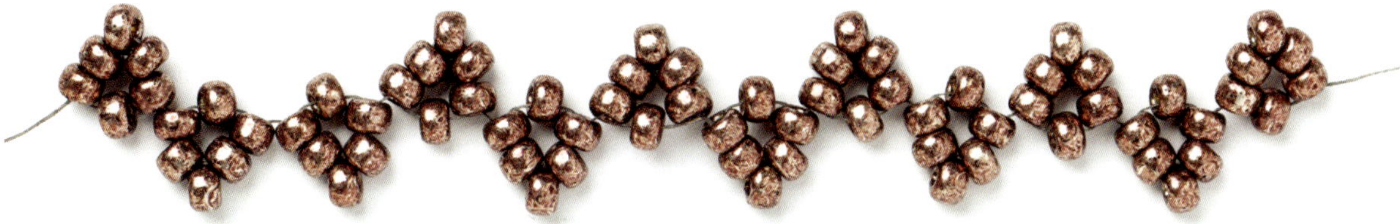

Workshop-Tipp 4: Dies ist die Wirklichkeit zur Grafik oben. Wie Sie bereits beim einfachen Hubble-Stich festgestellt haben, zeigen nicht alle Basisstiche nach oben. Aber auch hier gilt, dass Sie sich darum kümmern, wenn Sie die zweite Reihe arbeiten, indem Sie **die Frage stellen**.

Workshop-Tipp 5: Wie bereits in Workshop-Tipp 2 (auf Seite 20) erklärt, nochmals: Wenn Sie sich Ihre 2-Perlen-Basisreihe betrachten, können Sie die kleinen Lücken sehen, die sich zwischen den Stichen bilden, die in verschiedene Richtungen weisen. Als sie gearbeitet wurden, hatten sie sich gerade eben berührt. Es ist keine Anpassung nötig, da diese Lücken nach der zweiten Reihe verschwinden werden, wenn die nach unten weisenden Stiche gewendet werden.

Das hübsche 2-Perlen Muster ist nun sichtbar geworden (ich sehe die Stiche als kleine Spitzen von Weihnachtsbäumen) und Sie werden mir zustimmen, dass es bei einem 2-Perlen-Hubble-Stich viel einfacher ist festzustellen, ob dieser nach oben oder nach unten zeigt.

Zweite Reihe:

4 **Erster Stich – Phase 1**: Nehmen Sie 4 Perlen auf und arbeiten Sie einen Ring, indem Sie in gleicher Richtung durch die Perle fädeln, aus der der Faden kommt. Fädeln Sie durch die beiden zuerst hinzugefügten Perlen vor.

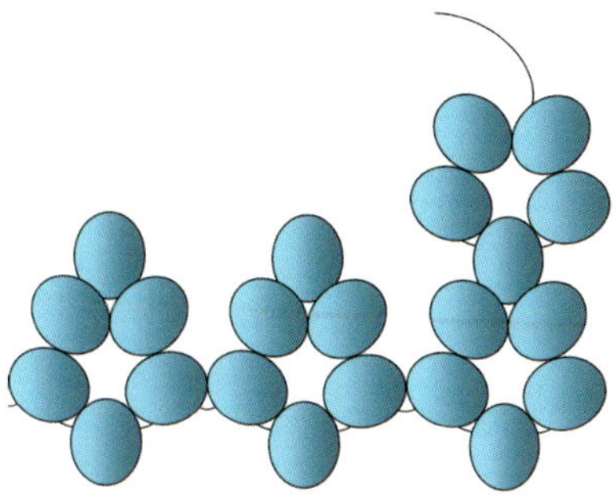

Wie beim einfachen Hubble-Stich ersetzt dies wieder den Ring aus Perlen, den Sie für jeden Stich in der Phase 1 der Basisrunde gearbeitet haben – jetzt sind Sie für die Kopfperle der Phase 2 bereit.

5 **Phase 2**: Nehmen Sie 1 Perle auf und fädeln Sie durch beiden benachbarten Armperlen.

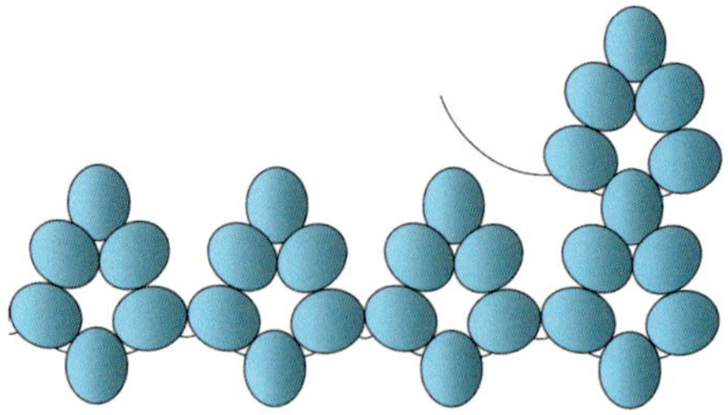

6 **Zweiter Stich – Phase 1**: Nehmen Sie 4 Perlen auf, **fragen Sie die Frage** und fädeln Sie rückwärts durch die nächste, benachbarte Kopfperle.

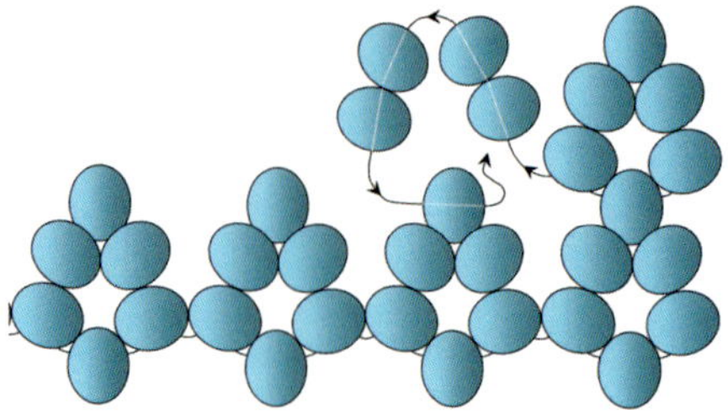

7 (Immer noch **Phase 1**) Fädeln Sie in gleicher Richtung durch die beiden soeben hinzugefügten Perlen vor und arbeiten Sie somit einen Ring. Sie sind nun für die nächste Kopfperle bereit.

Schieben Sie die Perlen heran!

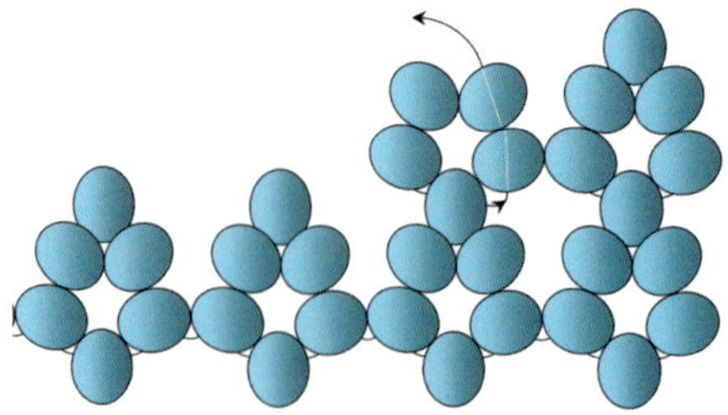

8 **Phase 2**: Fügen Sie die Kopfperle wie gewohnt hinzu.

Vervollständigen Sie die zweite Reihe im 2-Perlen-Hubble-Stich wie den zweiten Stich. Denken Sie daran, bei jedem Stich die Frage zu stellen. Wie gewohnt ist die Frage ab der dritten Reihe unnötig, da dann alle Stich aufrecht sitzen.

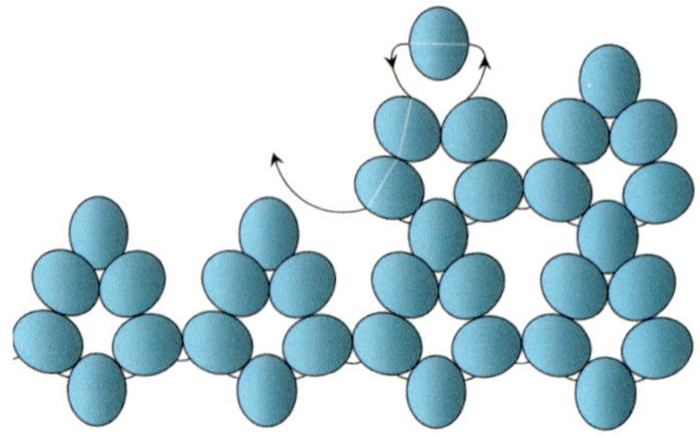

3-Perlen-Hubble-Stich (3-Drop Hubble)

Der Schritt vom 2-Perlen- zum 3-Perlen-Hubble-Stich war ein absolutes Muss und folgte wie selbstverständlich in der Entwicklung des Hubble-Stichs. Während Sie vorher für die Phase 1 der Basis 5 Perlen anstelle von 3 Perlen aufgenommen haben, fügen Sie nun noch zwei weitere Perlen für die Phase 1 (insgesamt 7 Perlen) hinzu, um den 3-Perlen-Hubble-Stich zu erhalten.

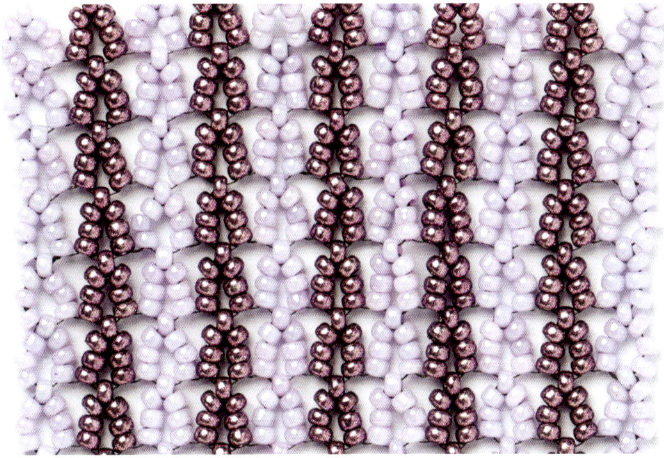

Für mich sieht jeder 3-Perlen-Hubble-Stich wie ein schlanker Fichtenbaum aus, er ergibt aber auch ein schönes Blütenblatt oder eine Flamme.

Basisreihe:

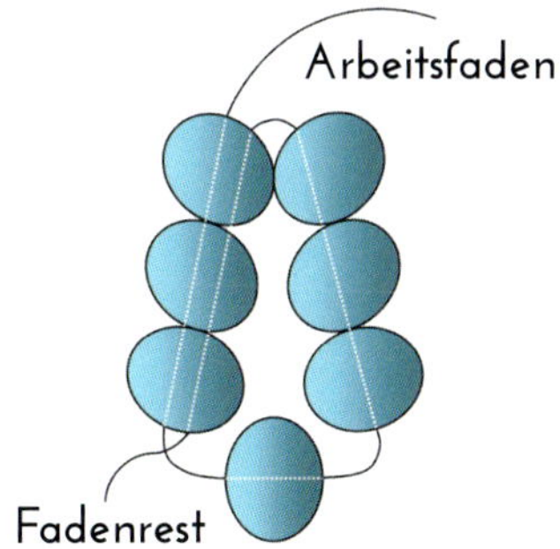

1. **Phase 1**: Nehmen Sie 7 Perlen auf und arbeiten Sie einen Ring, indem Sie nochmals in gleicher Richtung durch die drei zuerst hinzugefügten Perlen fädeln.

2. **Phase 2**: Nehmen Sie 1 Perle auf und fädeln Sie durch die drei benachbarten Perlen des Rings.

   Dies ergibt einen Basis-3-Perlen-Hubble-Stich.

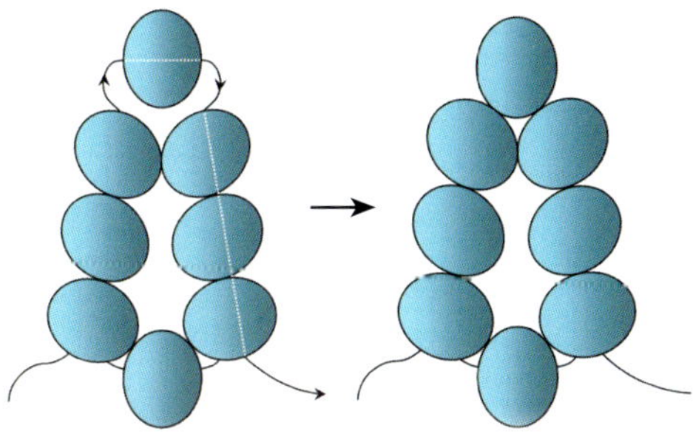

3 Schieben Sie die Perlen während der Arbeit aneinander und fädeln Sie einige weitere 3-Perlen-Hubble-Stiche. Arbeiten Sie den Aufschritt zur zweiten Reihe wie gewohnt.

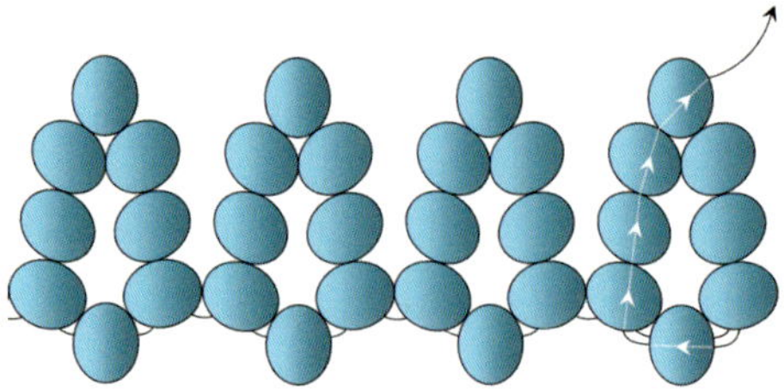

Zweite Reihe

4 **Erster Stich, Phase 1**: Nehmen Sie 6 Perlen auf und arbeiten Sie einen Ring, indem Sie in gleicher Richtung durch die Kopfperle fädeln, aus der der Faden kommt. Fädeln Sie durch die drei soeben hinzugefügten Perlen vor.

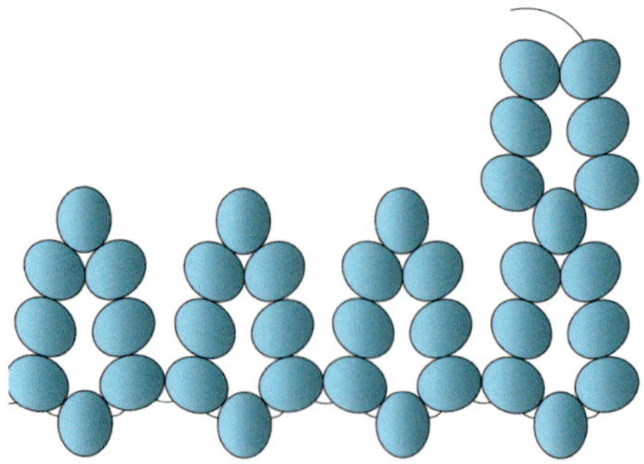

5 **Phase 2**: Nehmen Sie 1 Perle auf und fädeln Sie nach unten durch die drei benachbarten Armperlen.

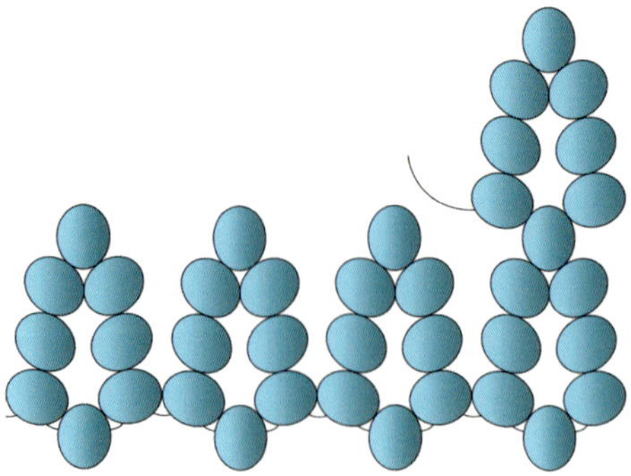

6 **Zweiter Stich – Phase 1**: Nehmen Sie 6 Perlen auf und fädeln Sie rückwärts durch die nächste, benachbarte Kopfperle.

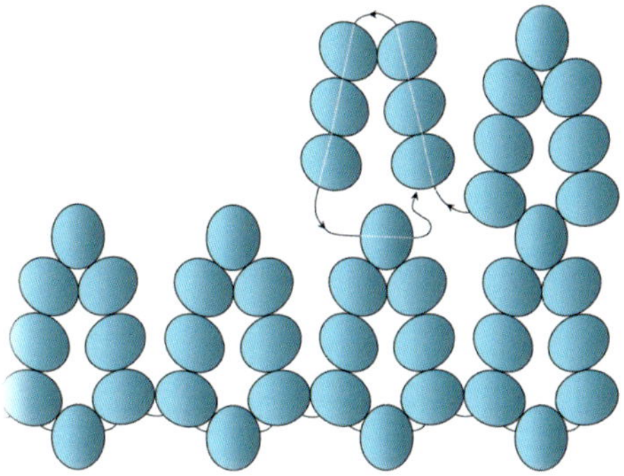

7 (Immer noch in **Phase 1**) Fädeln Sie durch die drei soeben hinzugefügten Perlen in gleicher Richtung vor und arbeiten Sie somit einen Ring, um die nächste Kopfperle platzieren zu können.

Heranschieben!

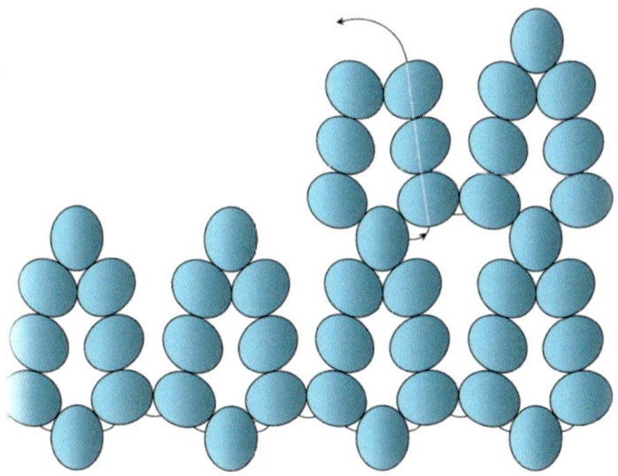

8 **Phase 2**: Fügen Sie die Kopfperle wie gewohnt hinzu.

Stellen Sie die zweite Reihe fertig, indem Sie den 3-Perlen-Hubble-Stich wie beim zweiten Stich arbeiten (Schritt 6-8).

Im Projekt 12 „Solar Flares" haben Sie die Möglichkeit, weiter mit dem 3-Perlen-Hubble-Stich zu spielen.

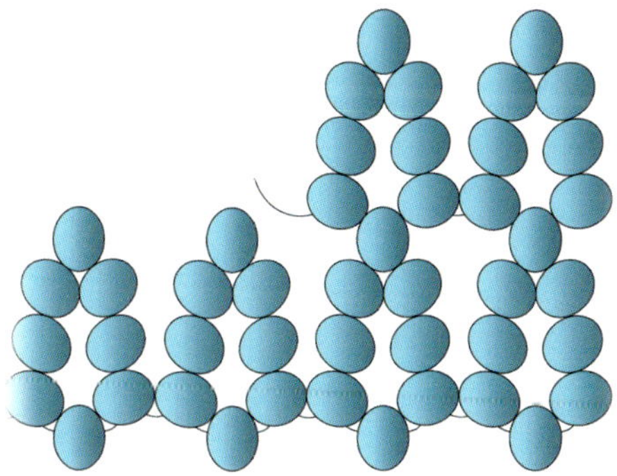

PROJEKT 5 - „MERCURY"

Übung und Wiederholung ist der beste Weg, sich mit einem Stich vertraut zu machen. Und dieses elegante, verführerische Armband im 2-Perlen-Hubble-Stich wird Ihnen genau dabei helfen. Komplett in einem metallischen Silberton gearbeitet zeigt das Armband die wunderschöne Textur des Stichs hervorragend!

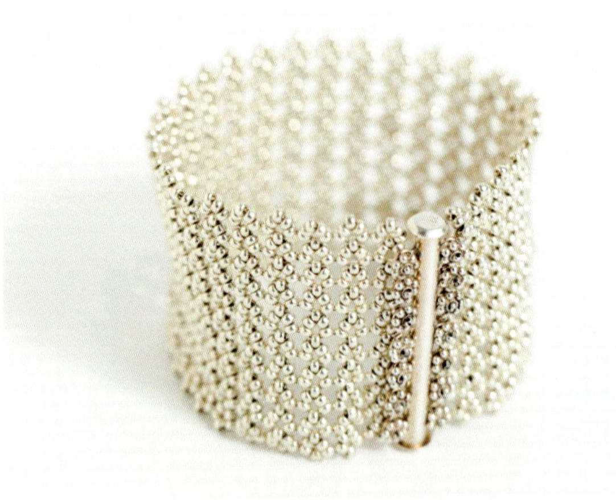

Was Sie benötigen:

- 18g 11/0 Saatperlen (A)
- Verschluss nach Wunsch (Ich habe einen Verschluss mit sieben Ösen, „Daisy"-Zwischenperlen und tschechische 15/0 Charlotten verwendet)

1. Schlagen Sie mit einer guten Armspanne Faden so viele 2-Perlen-Hubble-Stiche aus A Perlen an, dass diese Ihr Handgelenk bequem umspannen. Bedenken Sie dabei, dass der Verschluss der Gesamtlänge ca. 1 cm hinzufügt. Achten Sie darauf, dass Ihre Fadenspannung gleichmäßig ist.
2. Arbeiten Sie insgesamt 10 Reihen.
3. Bringen Sie den gewählten Verschluss an.

Varianten

- Verzieren Sie die 2-Perlen-Hubble-Stiche mit kleinen Kristallperlen zwischen den Kopfperlen.
- Sie können die Lücken zwischen den Kopfperlen abzählen und dann Kristalle oder Perlen in einem regelmäßigen Muster einfügen. Gwenda hat die Farbe der Saatperlen in jeder zweiten Reihe geändert und eine einzelne Reihe farblich passender Kristalle eingesetzt (siehe Seite 4).
- Das Armband wird horizontal gearbeitet und wächst somit in der Breite. Denken Sie jedoch daran, dass Sie auch einen senkrechten Streifen fädeln können, der dann in der Länge zunimmt.

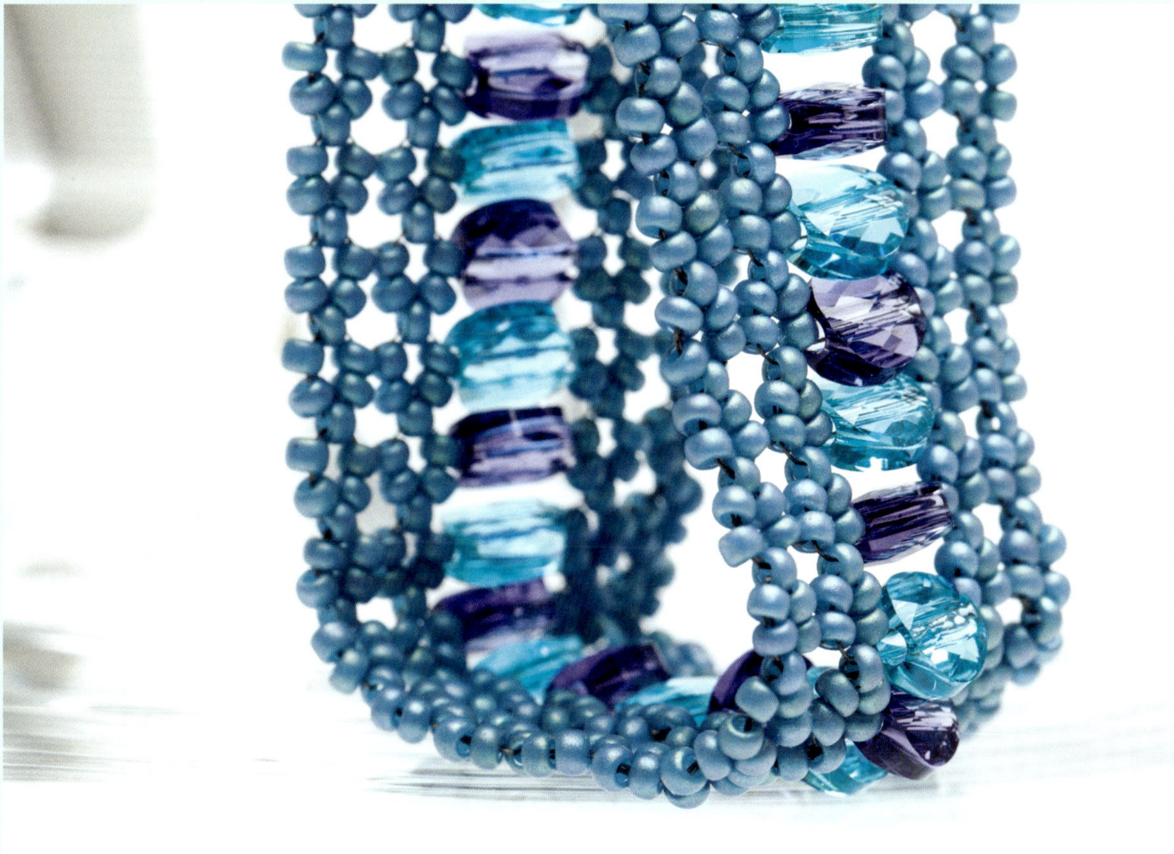

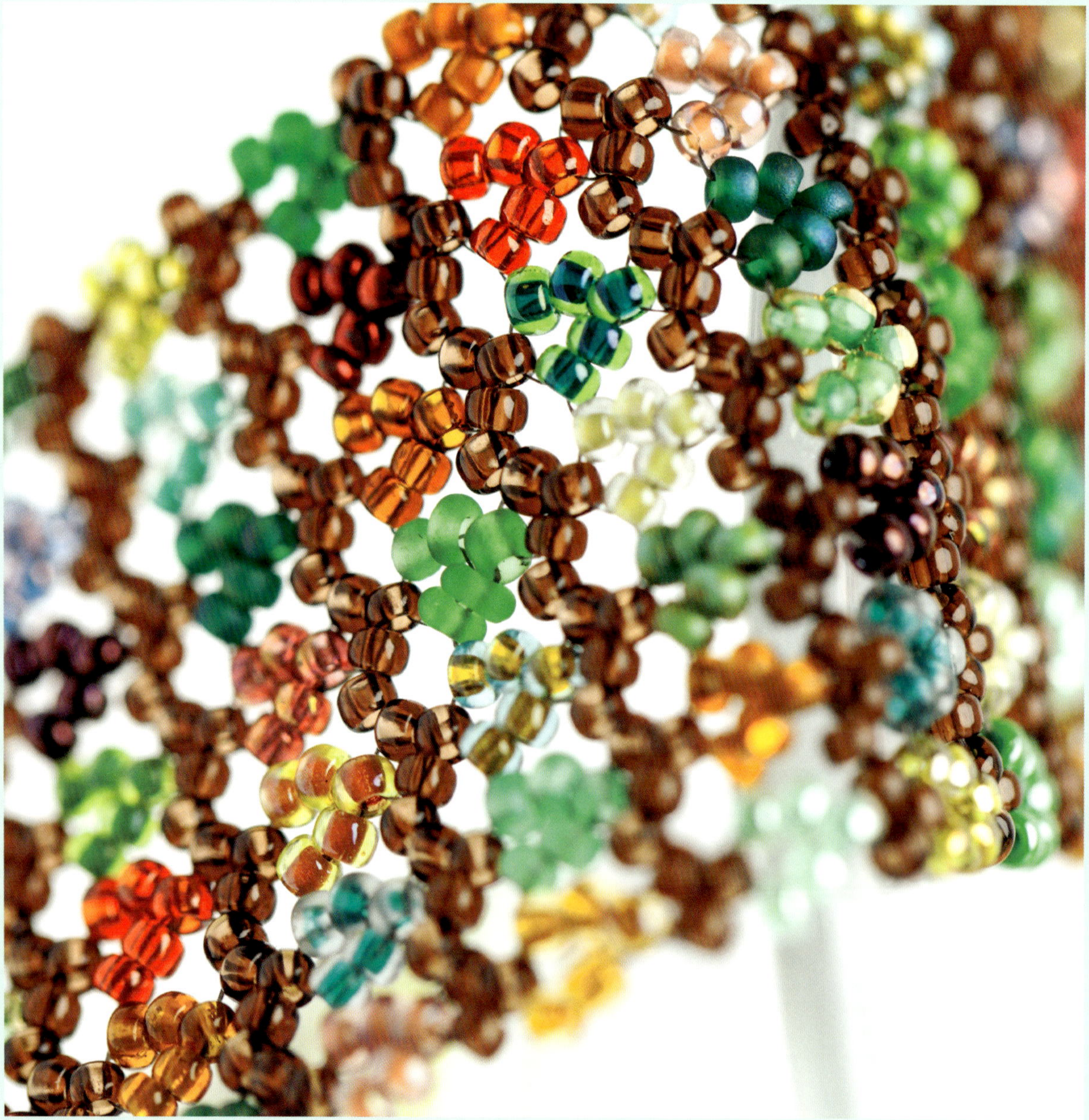

KAPITEL VIER

• • •

Horizontal versetzter Hubble-Stich (HorSO)

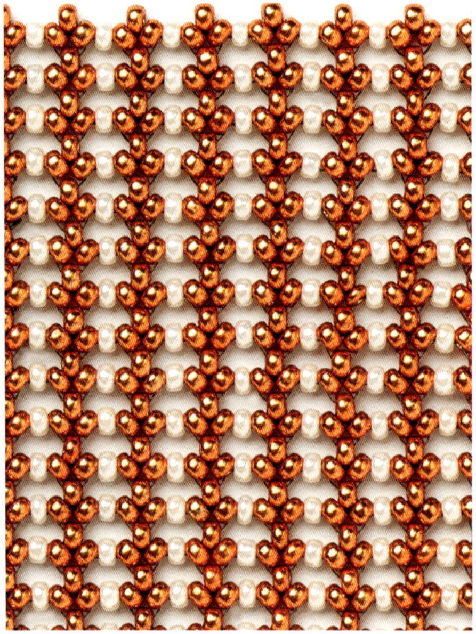

Horizontal versetzter Hubble-Stich (HorSO) (Horizontal Spaced Out Hubble)

Eines der einzigartigen und aufregenden Vorteile der Hubble-Technik ist die Individualität jedes Stichs seiner Reihe. Das bedeutet, dass Sie jeden einzelnen Stich in einer anderen Farbe arbeiten können. Jetzt kommt ein Gedanke! Dies bedeutet auch, dass Sie jeden Stich an beiden Seiten durch eine Perle oder einen Kristall von seinem Nachbarn separieren können und doch alle ihre Eigenständigkeit behalten – ich nenne dies den horizontal versetzten Hubble-Stich oder abgekürzt HorSO. Er ist deswegen horizontal, da die Zwischenperlen waagerecht in einer Reihe liegen. Und ja, Sie haben es erraten, es gibt auch eine vertikale Variante (VerSO), welche zwischen den Reihen liegt! Und natürlich können Sie gleichzeitig in beiden Richtungen Zwischenperlen einsetzen! Aber eines nach dem anderen. Machen Sie sich erst mit dem HorSO-Stich vertraut und Sie werden in der Lage sein, sehr schöne, lineare Texturen zu arbeiten und Sie werden außerdem eine nützliche Möglichkeit entdecken, um ihre Perlenarbeit für geperlte Perlen oder das Einfassen von Cabochons anzupassen.

Es ist hilfreich, den HorSO-Stich zuerst im einfachen Hubble-Stich in zwei kontrastierenden Farben, einen für die Hubble-Stiche (A) und eine für die Zwischenperlen (B), zu üben. Die HorSO-Hubble-Technik besteht einfach darin, eine Zwischenperle aufzunehmen, bevor Sie die Perlen für die Phase 1 der Basis hinzufügen und diese dann zu ignorieren! Lassen Sie uns also mit dem HorSO-Hubble beginnen!

Basisreihe:

1. Arbeiten Sie einen Basisstich aus A Perlen.

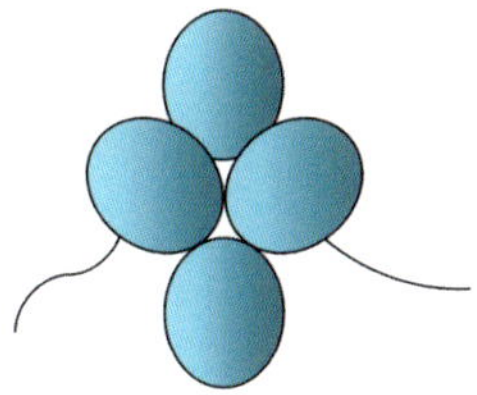

2. **Phase 1**: Nehmen Sie 1x B und 3x A Perlen auf. Lassen Sie die B Perle aus und fädeln Sie nochmals durch die zuerst aufgenommene A Perle, um einen Ring aus den drei A Perlen zu erhalten.

   Sehen Sie, was ich mit „ignorieren Sie die Zwischenperle" meinte?

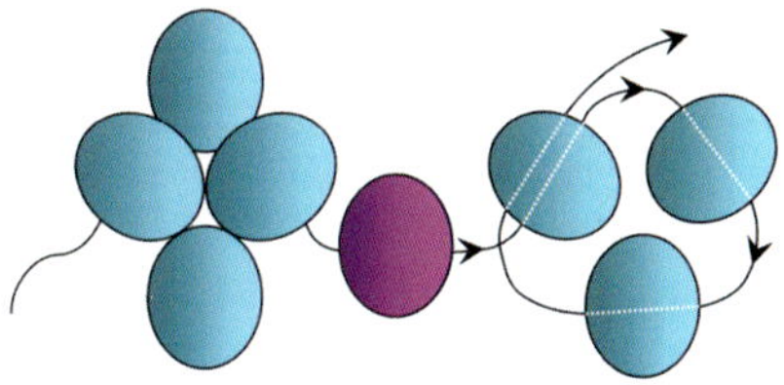

3. Schieben Sie die Perlen aneinander, sodass sich alle berühren.

   Wenn sie zu eng sitzen, liegen die Stiche nicht mehr in einer Reihe und sehen aus, als würden sie sich in Wellen legen. Dies braucht einfach ein wenig Übung und wird bald automatisch klappen.

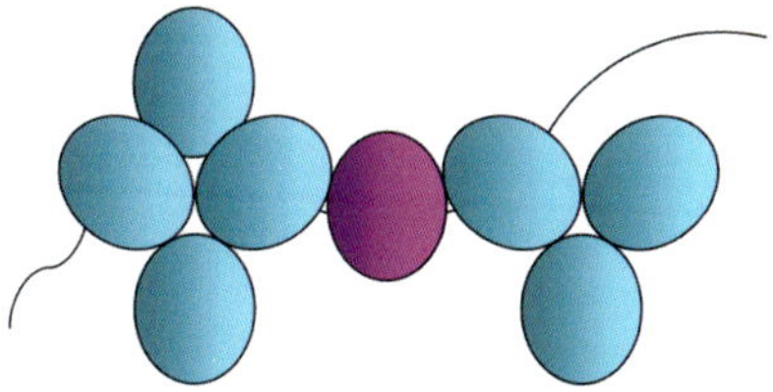

4. Arbeiten Sie die **Phase 2** wie beim normalen Hubble-Stich.

   Heranschieben!

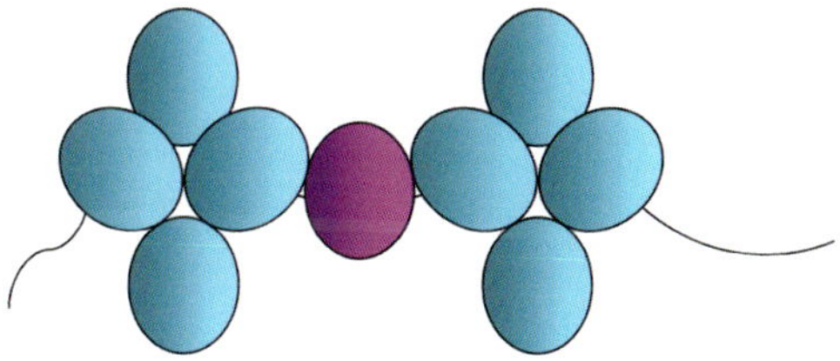

Jetzt haben Sie zwei Hubble-Stiche mit einer Zwischenperle in der Mitte.

Wiederholen Sie die Schritte 2 bis 4, arbeiten Sie einige weitere HorSO-Stiche und machen Sie dann den Aufschritt zur zweiten Reihe.

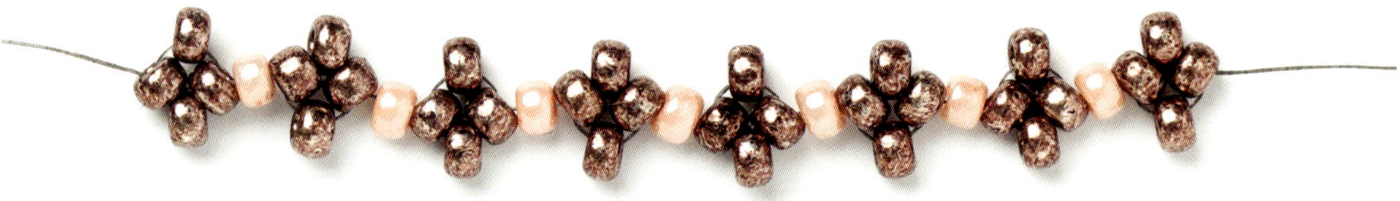

Workshop-Tipp 6: Das Bild oben zeigt eine echte Reihe im HorSO-Stich. Wie zuvor habe ich die Stiche nicht sorgfältig arrangiert, sodass Sie genau sehen können, wie es tatsächlich aussieht. Die Stiche sind völlig in Ordnung und werden sich, während Sie die zweite Reihe arbeiten, richtig legen. Es ist also nicht nötig, sie in die perfekte Lage zu zwingen. Das Einzige, was wirklich wichtig ist, ist, dass sie gut aneinander liegen und nicht zu eng gearbeitet sind.

Zweite Reihe:

5 Arbeiten Sie den ersten Stich der zweiten Reihe wie gewohnt (siehe Schritte 7 und 8 auf Seite 22).

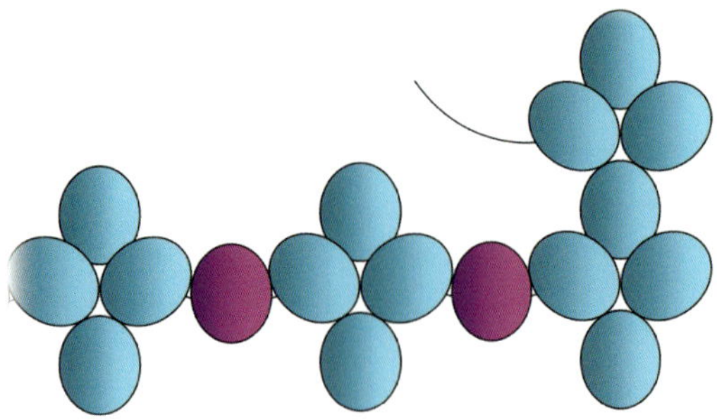

6 **Phase 1**: Nehmen Sie 1x B und 2x A Perlen auf. Lassen Sie die B Perle aus, **fragen Sie die Frage** und fädeln Sie wie gewohnt rückwärts durch die nächste Kopfperle.

Fädeln Sie durch die erste der beiden soeben hinzugefügten A Perlen vor, sodass Sie bereit für die Kopfperle der Phase 2 sind.

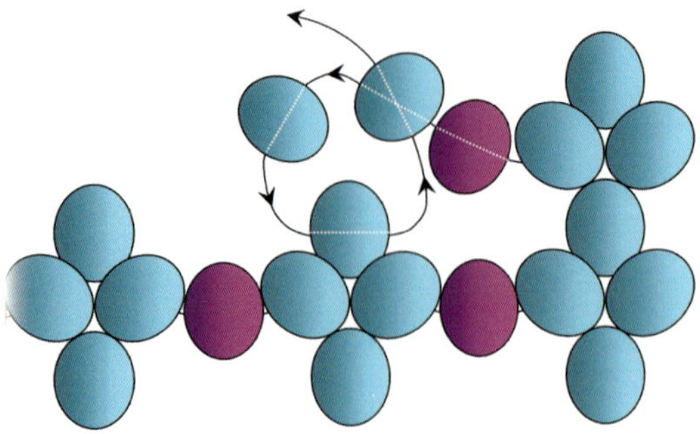

7 Heranschieben!

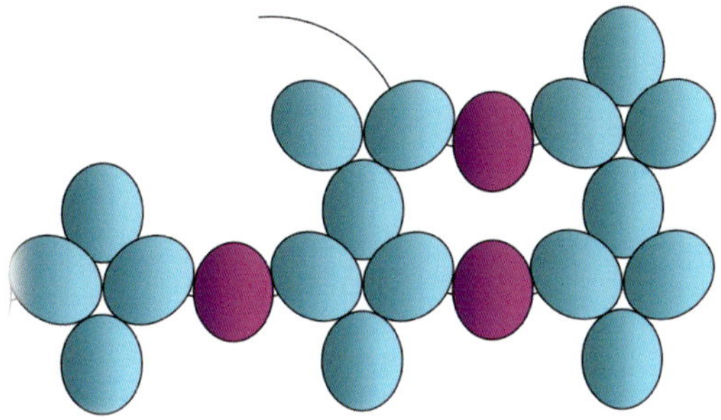

8 Arbeiten Sie die Phase 2 und fügen Sie die Kopfperle wie gewohnt hinzu.

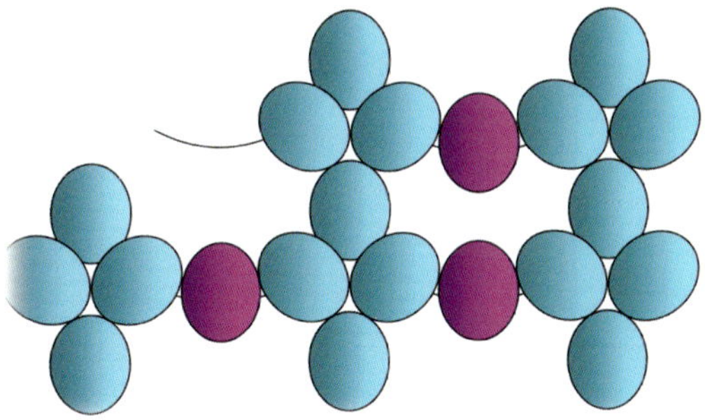

Wiederholen Sie die Schritte 6 bis 8 bis zum Ende der Reihe und arbeiten Sie dann wie gewohnt den Aufschritt.

Denken Sie daran, dass Sie nach der zweiten Reihe die Frage nicht mehr stellen müssen.

PROJEKT 6 - „CRYSTAL LADDER"

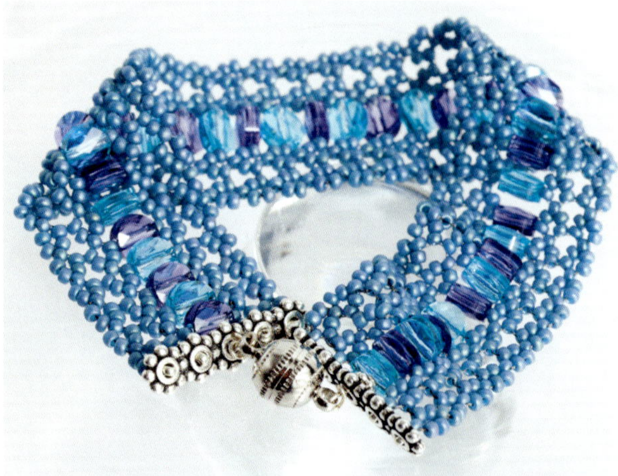

Dies ist eine tolle Möglichkeit, die HorSO-Technik im 2-Perlen-Hubble-Stich mit größeren Zwischenperlen zu üben. Nicht nur, dass das Armband schnell gefädelt ist, auch definieren die größeren Kristallperlen sehr schön die attraktive Form des 2-Perlen-Hubble-Stichs. Die flache Form dieser Kristalle erlaubt ihnen, sich leicht zu überlappen; dies sorgt für viel Bewegung und Glitzern. Die von mir verwendeten Saatperlen haben einen hübschen, gefrostet türkisen Schimmer mit einem Hauch von Lavendel, sodass ich sie abwechselnd mit Kristallen der Farben Indicolite und Tanzanite kombiniert habe. Vielleicht finden Sie, dass sich gefrostete (matte) Perlen nicht so leicht zusammenschieben lassen, aber mit ein bisschen Druck geht es gut.

Was Sie benötigen:

- 5g 11/0 Saatperlen (A)
- 20x Swarovski Mini Rounds (Farbe B)
- 20x Swarovski Mini Rounds (Farbe C)
- 2x 5-fach-Verbinder „Daisy"
- 8x 15/0 Saatperlen (für den Verbinder) (D)
- 2x Nietstifte
- 1x Magnetverschluss

1. Schlagen Sie mit einer guten Armspanne Faden 4x 2-Perlen-Hubble-Stiche aus den A Perlen an und platzieren Sie nur 1x B Zwischenperle zwischen dem zweiten und dritten Stich.
2. Denken Sie an die Frage und arbeiten Sie denselben Rapport für die zweite Reihe; verwenden Sie hier 1x C Zwischenperle. Schieben Sie immer die Perlen zusammen.
3. Arbeiten Sie abwechselnd die beiden Reihen, bis diese Ihr Handgelenk umspannen; bedenken Sie dabei den Verschluss. Fädeln Sie so vor, dass Sie mit der Nadel aus der letzten Kopfperle herauskommen.

4 Bringen Sie den gewählten Verschluss an den Kopf- und Körperperlen an. Ich habe den Verschluss folgendermaßen gearbeitet:

- Schieben Sie einen Nietstift durch das mittlere Loch des Verbinders und durch den ersten Verschlussteil. Arbeiten Sie eine gewickelte Öse und schneiden Sie den überschüssigen Draht ab. Wiederholen Sie dies mit dem zweiten Verschlussteil.
- Legen Sie ein Ende des Armbands passend an die Löcher des Verbinders. Die Kopf- und Körperperlen passen sehr gut an die verbliebenen vier Löcher des Verbinders.
- Fädeln Sie die vier Kopfperlen mit je 1x D Perle an den Verbinder, vernähen Sie den Faden.
- Wiederholen Sie dies bei den Körperperlen auf der anderen Seite.

Varianten

- Probieren Sie verschiedene Arten und Größen von Zwischenperlen aus, zum Beispiel Reisperlen oder Saatperlen der Größe 15/0.
- Arbeiten Sie Zwischenperlen bei jedem Stich!

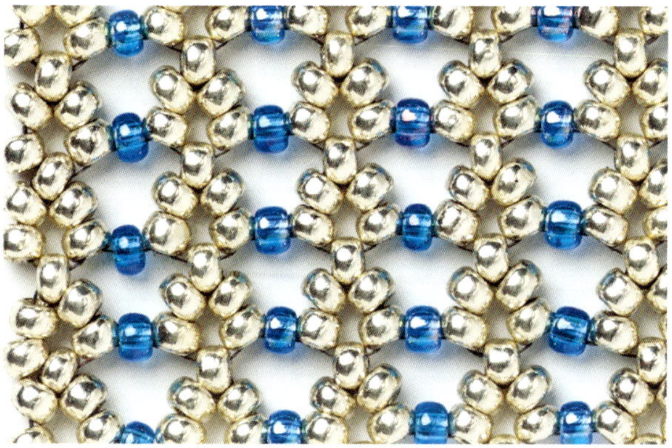

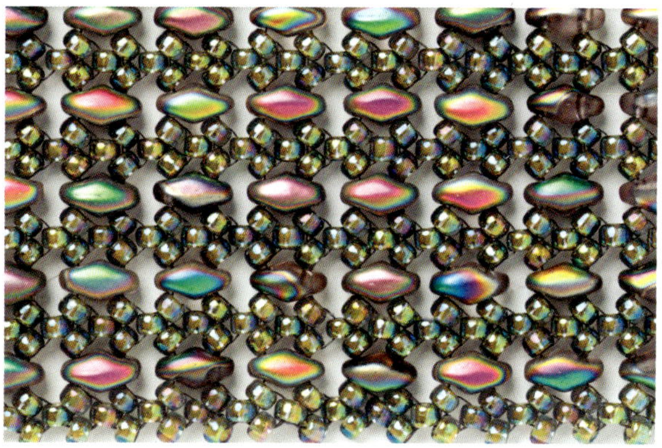

PROJEKT 7 - „ENCHANTED FOREST"

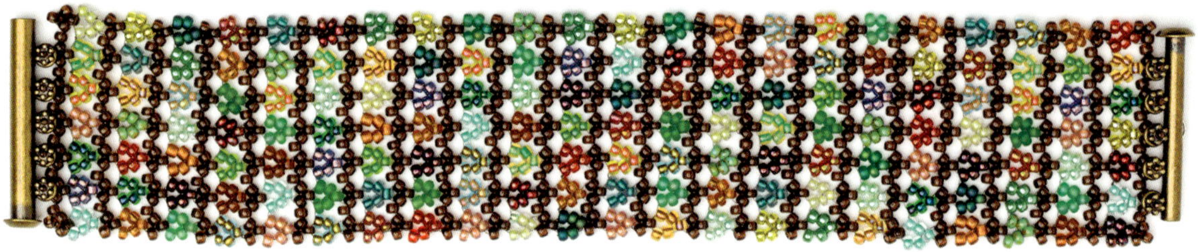

Bei diesem Projekt hatte ich viel Spaß. Nicht nur, weil ich verschiedene Hubble-Stiche gemischt habe, sondern auch, weil ich mit Farben gespielt und viele Restperlen verwendet habe. Es war auch interessant zu beobachten, dass eine Reihe im HorSO-Hubble-Stich (mit einer 11/0 Saat- als Zwischenperle) genauso breit ist, wie eine Reihe im 2-Perlen-Hubble-Stich. Und, dass das abwechselnde Wiederholen dieser Reihen einen Effekt wie von Erde, Baumstämmen und Baumkronen ergibt. Ich habe für die HorSO-Stiche Perlen der Farbe Root Beer Brown (auch für die Zwischenperlen) und eine Kombination aus verschiedenen Farben für die 2-Perlen-Hubble-Stiche verwendet.

Was Sie benötigen:

- 8g 11/0 Saatperlen (A)
- 11/0 Saatperlen, verschiedene Farben
- Verschluss nach Wahl

1. Verwenden Sie A Perlen sowohl für den Hubble-Stich als **auch** für die Zwischenperlen und schlagen Sie mit einer guten Armspanne Faden 7 Stiche in der HorSO-Technik an. Hier kommt eine kurze Erinnerung: Arbeiten Sie einen einfachen Hubble-Stich und nehmen Sie für den nächsten Stich 4x A Perlen auf (die erste A Perle ist die Zwischenperle, die anderen drei sind Perlen der Phase 1). Ignorieren Sie die Zwischenperle und fädeln Sie die Basis. Nehmen Sie dann 1x A Perle auf und fügen Sie die Kopfperle hinzu. Heranschieben. Fahren Sie fort, bis Sie insgesamt 7 Stiche haben.

2. Zweite Reihe. Arbeiten Sie die komplette Reihe im normalen 2-Perlen-Hubble-Stich und verwenden Sie immer eine andere Farbe für jeden Stich.

3 Wiederholen Sie diese sich abwechselnden Reihen, bis Sie mit der Länge zufrieden sind; enden Sie mit einer Reihe in der HorSO-Technik.

4 Bringen Sie den gewählten Verschluss an. Wenn Sie einen Verschluss mit fünf Ösen verwenden, werden Sie bemerken, dass die Kopf-/Körperperlen der mittleren fünf Stich sehr gut an die Ösen passen.

Variante

- Mir kam die Idee, auf dieselbe Art eine magische Version mit Namen „Narnia Forest" aus A Perlen der Farbe White Pearl Ceylon (wie Schnee) und einer brillanten Mischung aus transparenten, AB, silverlined und leuchtend blauen Farbtönen für die Bäume anzufertigen.

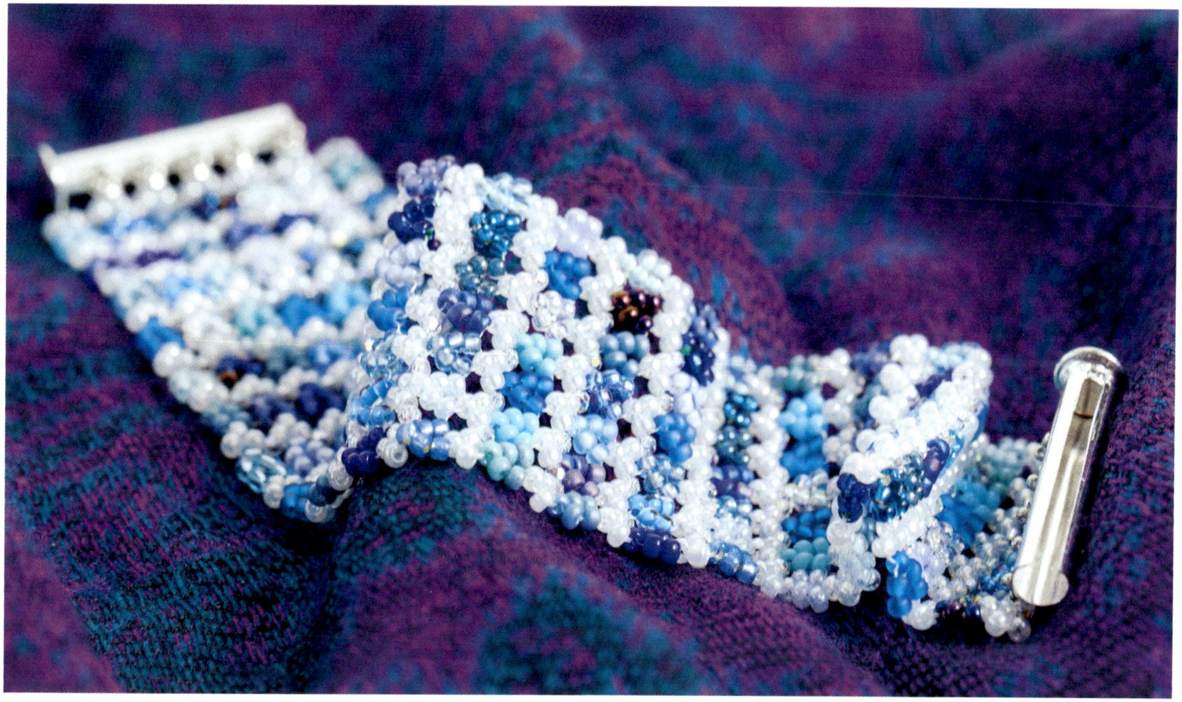

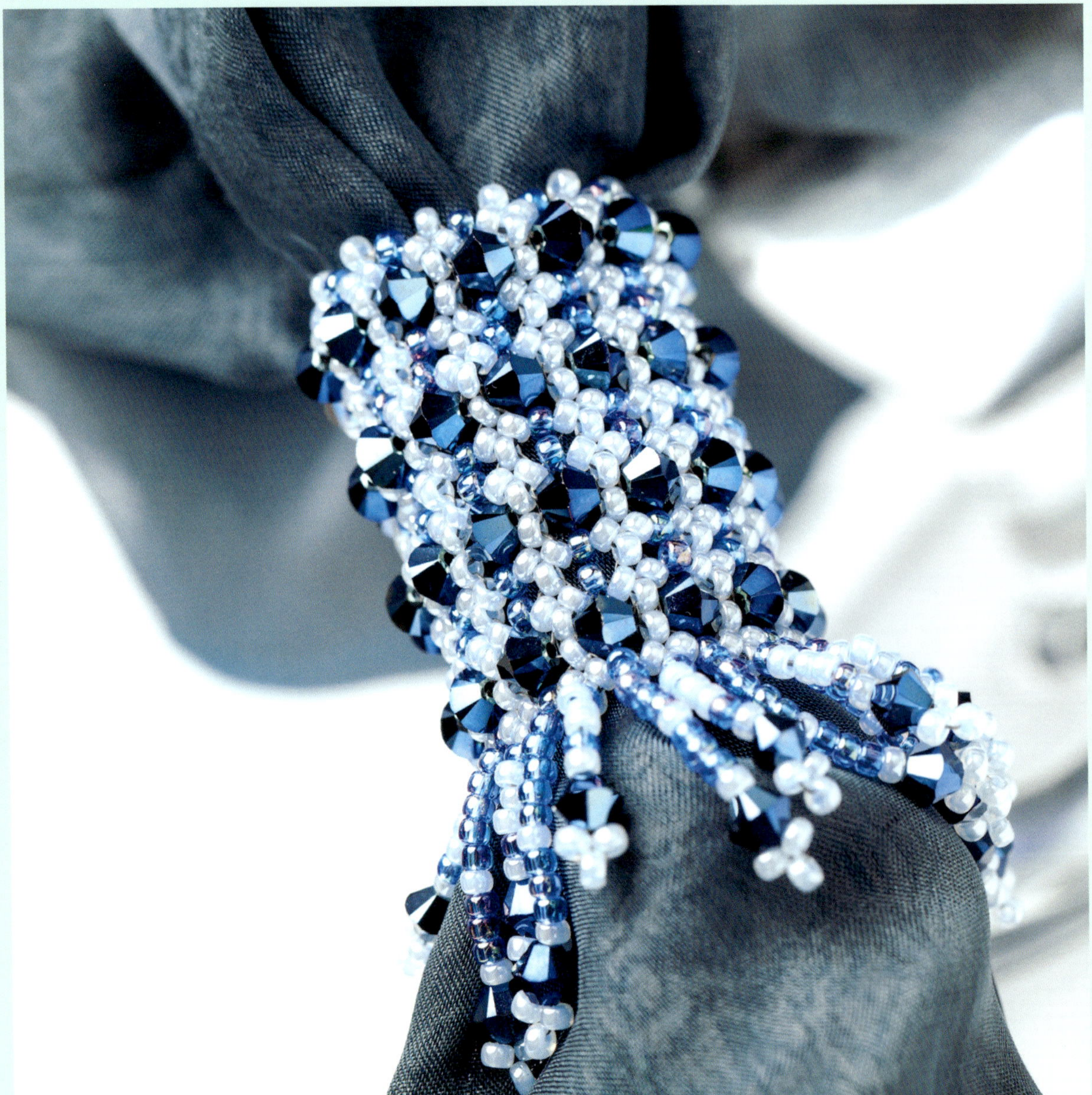

KAPITEL FÜNF

• • •

Vertikal versetzter Hubble-Stich (VerSO)

KAPITEL FÜNF

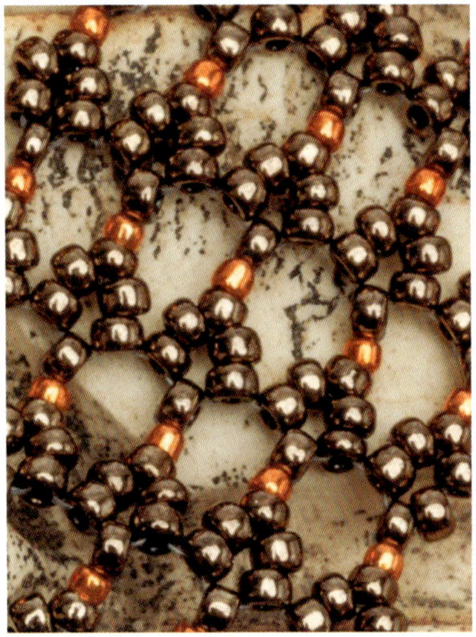

Vertikal versetzter Hubble-Stich (VerSO) (Vertical Spaced Out Hubble)

Im letzten Kapitel haben Sie gesehen, wie die HorSO-Technik den Hubble-Stich in der Breite erweitert und dabei die Stiche einer Reihe separiert. Jetzt gehen wir weiter zum vertikal versetzten Hubble-Stich (oder kurz VerSO), welcher den Hubble-Stich in der Höhe erweitert und eine Distanz zwischen den Reihen schafft – und dies kann die Perlenarbeit wirklich schnell wachsen lassen.

Die Grafiken auf der nächsten Seite zeigen, wie die VerSO-Technik mit dem einfachen Hubble-Stich gearbeitet wird. Aber da die VerSO-Technik darauf basiert, eine oder mehr Perlen über der Kopfperle hinzuzufügen, welches in Phase 2 des Hubble-Stichs stattfindet, kann sie für den einfachen, den 2-Perlen- und den 3-Perlen-Hubble-Stich verwendet werden.

Bis heute habe ich mit drei verschiedenen VerSO-Methoden gearbeitet, jede erweitert die Perlenarbeit in unterschiedlichen Mengen, was beim Einfassen oder dem Überspannen einer vorgegebenen Lücke sehr hilfreich sein kann. Alle drei sind es wert, in Ihr Hubble-Repertoire aufgenommen und dann verwendet zu werden, wenn ein genauer Abstand benötigt oder spätere Verzierungsmöglichkeiten gegeben sein sollen. Natürlich können Sie den normalen Hubble-Stich arbeiten und dann den Abstand zur nächsten Reihe vergrößern, indem Sie die gerade gearbeitete Reihe zurückarbeiten und die Zwischenperlen jetzt erst einsetzen. Trotzdem ist es wichtig, diese drei VerSO-Techniken zu kennen, denn sie minimieren die Fadenläufe durch die Perlen und somit können Sie den Hubble-Stich mit sehr kleinen Perlen arbeiten und damit wunderschön filigranen Schmuck erstellen. Besonders beim Einfassen von Kristallen.

VerSO1 (Eine Zwischenperle hinzufügen)

Diese VerSO-Technik kann nur beim Hubble-Stich in Runden (siehe Kapitel 6) verwendet werden. Wenn Sie erst einmal im kreis- oder röhrenförmigen Hubble-Stich gearbeitet haben, wird Ihnen der Grund klar werden.

Basisreihe:

1 Wählen Sie eine Farbe und arbeiten Sie **Phase 1** eines normalen Hubble-Stichs (in der Grafik bereits fertiggestellt gezeigt).

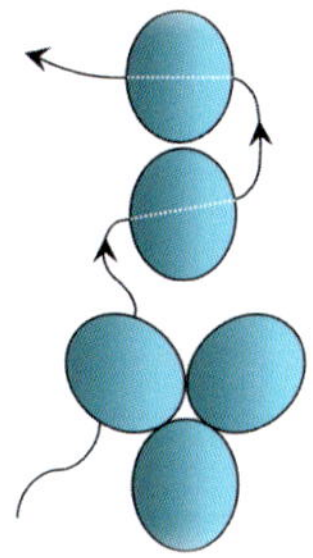

Phase 2: Nehmen Sie 2x Perlen auf (die erste ist die Kopfperle und die zweite ist die Zwischenperle, die in der nächsten Reihe zur Körperperle wird).

Die Grafik zeigt die Perlen der Phase 2 eine über der anderen. Genauso werden sie in Kürze liegen, wenn der Faden angezogen wurde.

2 (Immer noch **Phase 2**): Fädeln Sie in gleicher Richtung nochmals durch die Kopfperle (die zuerst aufgenommene Perle).

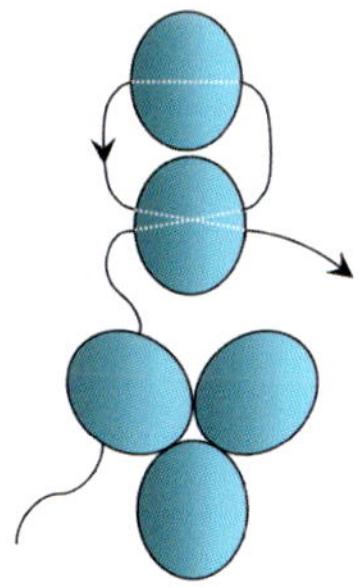

3 (Immer noch **Phase 2**): Fädeln Sie durch die Armperle vor.

Die erste der beiden Grafiken zeigt den genauen Fadenlauf, bevor die Perlen zusammengeschoben wurden.

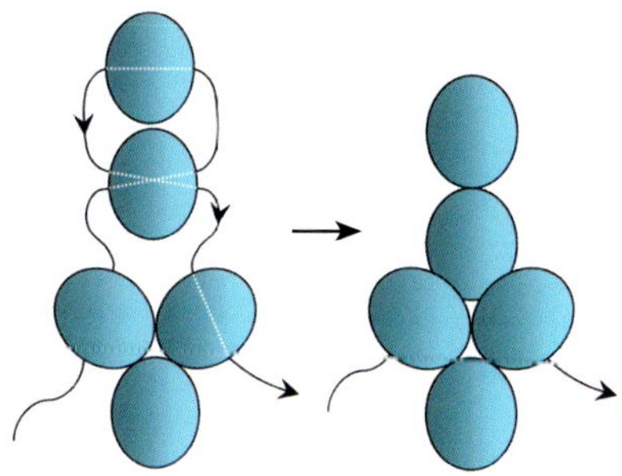

Workshop-Tipp 7: Schieben Sie die Perlen zusammen, indem Sie die Zwischen- und Kopfperlen zwischen dem Zeigefinger und Daumen halten und dabei mit der anderen Hand am Faden ziehen.

Die Zwischenperle liegt nun ordentlich auf der Kopfperle (wie bei einem Leiterstich), die Perlenlöcher liegen parallel.

Schlagen Sie weitere VerSO1 Hubble-Stiche in dieser Art an.

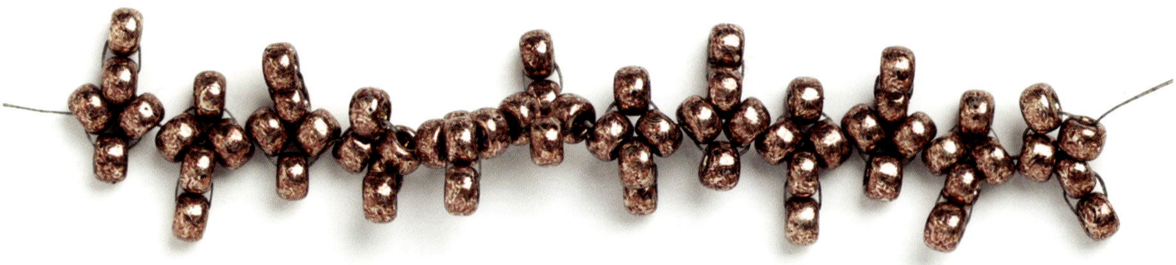

Workshop-Tipp 8: Das Foto oben zeigt, wie die Reihe im VerSO1 tatsächlich aussieht. Alles ist sehr durcheinander, aber das stört wirklich nicht, denn wie gewohnt wird die zweite Reihe alles sortieren. Wenn Sie die zweite Reihe arbeiten, werden Sie vielleicht finden, dass manche der Zwischenperlen nicht perfekt über den Kopfperlen liegen, sondern diese überlappen (die vierte, fünfte, sechste und siebte von links sehen genauso aus); dies hat jedoch weder einen Effekt auf die Fadenspannung, noch auf das Aussehen der Perlenarbeit, da die zweite Reihe diese Perlen in ihre Position schiebt. Es bedeutet nur, dass Sie darauf achten müssen, dass Sie wirklich durch die Zwischenperle und nicht versehentlich durch die Kopfperle fädeln.

Aufgepasst! Am Beginn dieses Abschnitts erwähnte ich, dass Sie diese Methode nur im kreis- oder röhrenförmigen Hubble-Stich arbeiten können, und hier folgt der Grund dafür:

4 Wie im Workshop-Tipp 3 angemerkt (siehe Seite 22): Wenn Sie den Aufschritt zu einer neuen Reihe im Hubble-Stich arbeiten, muss der Faden so herauskommen, dass er von der Perlenarbeit weg zeigt.

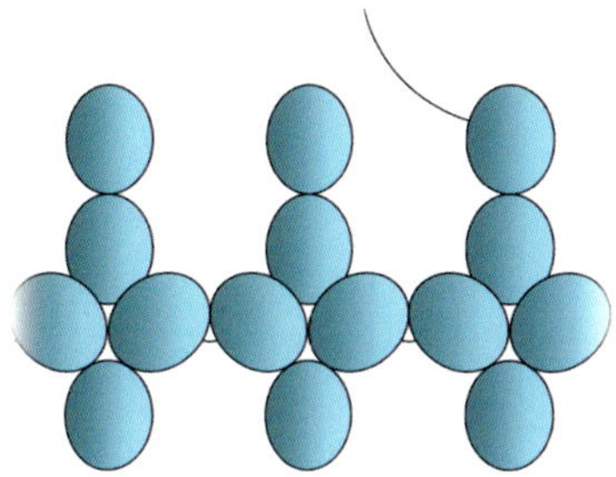

ABER... wenn Sie die Basisreihe in der VersSO-1 Technik gearbeitet und den Aufschritt gemacht haben, wird der Faden in die falsche Richtung weisen. Dieser Aufschritt läuft also ins Nichts!

Machen Sie sich keine Sorgen, es gibt eine Lösung!

5 Beim kreis- oder röhrenförmigen Hubble-Stich ist das kein Problem, denn Sie verbinden den ersten und letzten Stich miteinander und arbeiten dann den Aufschritt (wie in der Grafik). Sie können die neue Runde in derselben Richtung beginnen.

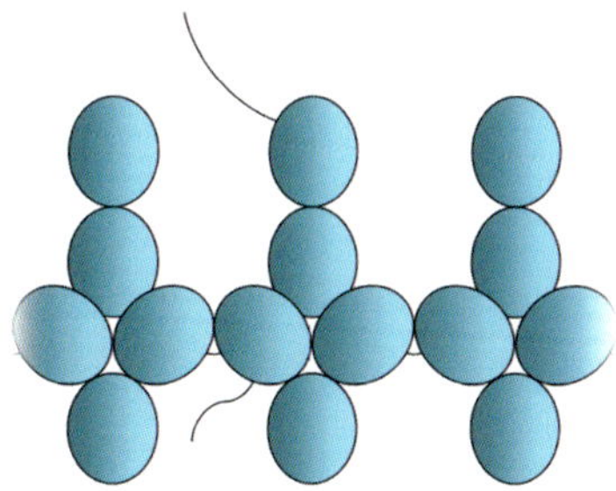

Zweite Runde:

6 Arbeiten Sie die zweite Runde: Fädeln Sie die Phase 1 Basisperlen wie gewohnt; denken Sie aber daran, die Zwischenperlen nach jeder Kopfperle der Phase 2 hinzuzufügen.

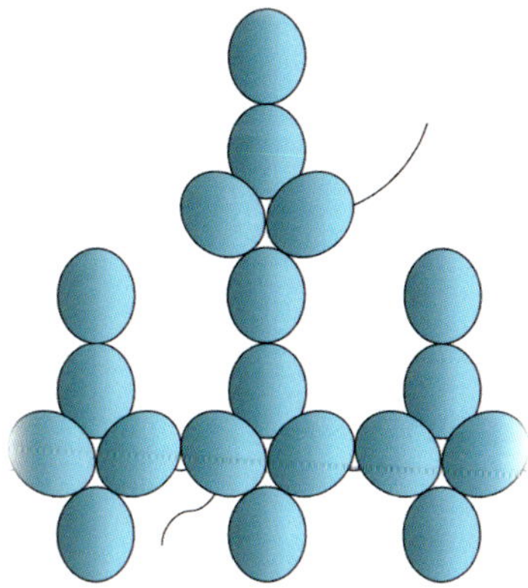

Vergessen Sie nicht, die Frage für jeden Stich der zweiten Runde zu stellen; obschon die Richlung der Stiche viel einfacher ersichtlich ist.

Üben Sie die VerSO1-Technik mit dem Projekt 11, dem „Scarf-Ring".

VerSO2 (zwei Zwischenperlen hinzufügen – Albion- oder Fransenstich)

Obwohl diese Technik einige Schritte für jeden Stich benötigt, werden Sie mit etwas Übung in den Rhythmus finden. Das Endergebnis ist es absolut wert, denn es ergibt eine hübsche, spitzenartige Oberfläche.

Basisreihe

1. Verwenden Sie zwei Farben (A als Hauptfarbe und B für die Zwischenperle). Arbeiten Sie die **Phase 1** eines normalen Hubble-Stichs aus A Perlen (die Grafik zeigt bereits den vollständigen Schritt).

   Phase 2: Nehmen Sie 1x A, 1x B und 1x A Perle auf.

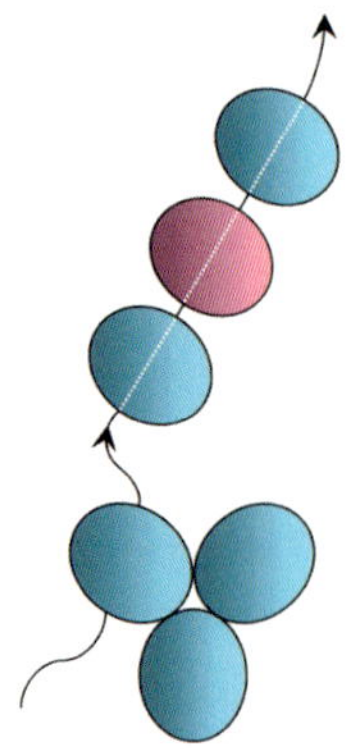

2. (Immer noch **Phase 2**): Lassen Sie die zuletzt hinzugefügte A Perle aus und fädeln Sie durch folgende Perlen:

   - B in Gegenrichtung

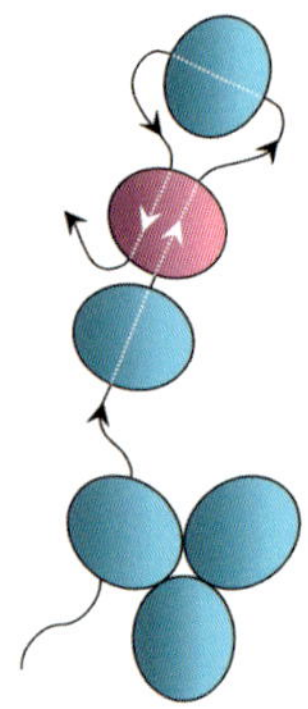

   - Die zuerst hinzugefügte A Kopfperle in gleicher Richtung wie zuvor.

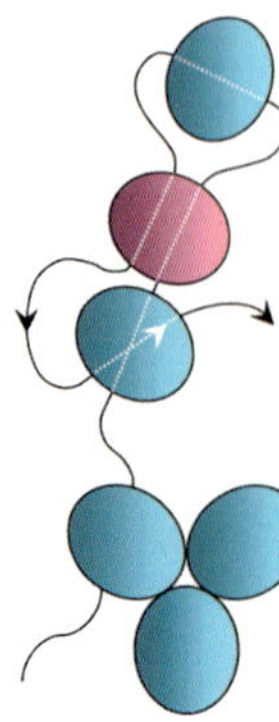

- Und zuletzt wie gewohnt durch die Armperle, um den Stich zu vollenden.

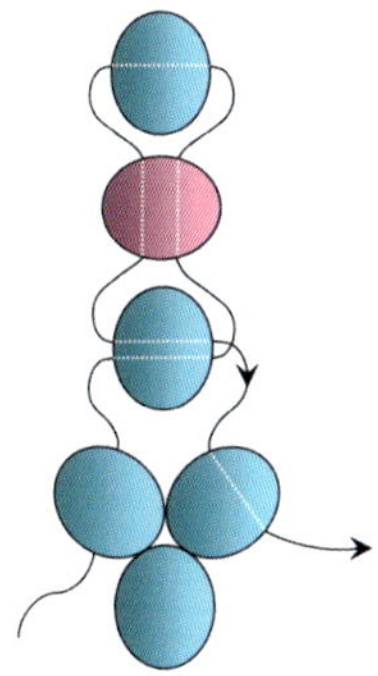

Die letzte Grafik zeigt den genauen Fadenlauf, bevor die Perlen zusammengeschoben werden.

Die Perlen über der Kopfperle sehen aus wie eine kleine Franse oder ein Albion-Stich über der Kopfperle; die B Zwischenperle liegt senkrecht zu beiden A Perlen und ebenso ihr Fädelloch.

Workshop-Tipp 9: Schieben Sie die Perlen zusammen, indem Sie die Zwischenperlen mit Daumen und Zeigefinger halten, während sie mit der anderen Hand am Faden ziehen.

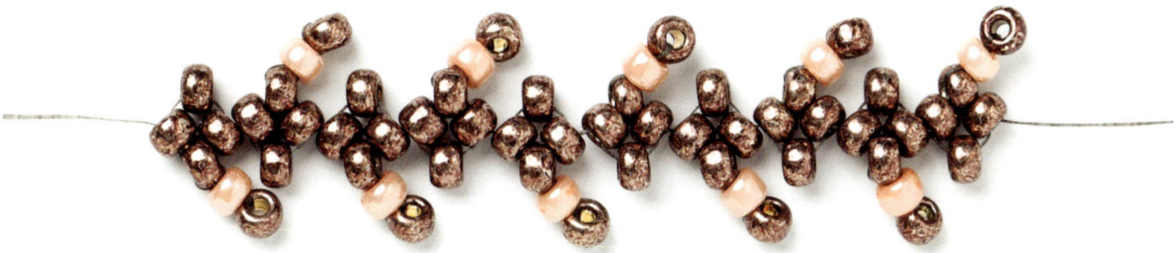

Workshop-Tipp 10: Wie Sie sehen können, liegen die Perlen der tatsächlichen Reihe der VerSO2-Technik nicht alle perfekt über der Kopfperle. Das ist kein Grund zur Sorge, denn Sie können sie, wenn Sie die zweite Reihe arbeiten, in Position bringen. Gerade hier ist FireLine nützlich, denn dieser Faden rutscht sehr gut und lässt Sie die Perlen leicht in Position schieben.

Alle Stiche auf dem Foto wurden korrekt zusammengeschoben, aber da sie sich individuell drehen, erscheinen die kleinen Lücken – werfen Sie für die Erklärung dafür einen kurzen Blick zurück auf den Workshop-Tipp 2 (Seite 20).

3 Wiederholen Sie die Schritte 1 und 2 und schlagen Sie einige weitere VerSO2-Hubble-Stiche an.

Arbeiten Sie den Aufschritt, indem Sie dem normalen Fadenlauf folgen, und weiter durch die Zwischen- und die neue Körperperle fädeln. Kommen Sie mit der Nadel am Ende so heraus, wie es die Grafik zeigt.

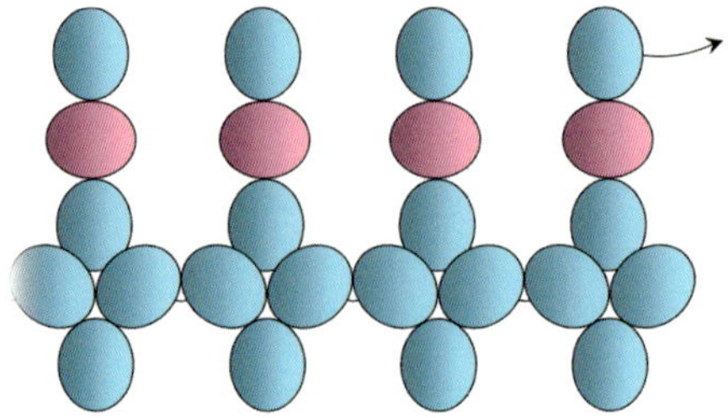

Zweite Reihe:

4 Arbeiten Sie die zweite Reihe, indem Sie die Basisperlen aus **Phase 1** wie gewohnt hinzufügen. Denken Sie daran, die Zwischenperlen mit jeder Kopfperle der **Phase 2** hinzuzufügen.

Spielen Sie mit der VerSO2-Technik bei Projekt 8: „Christmas Cuff".

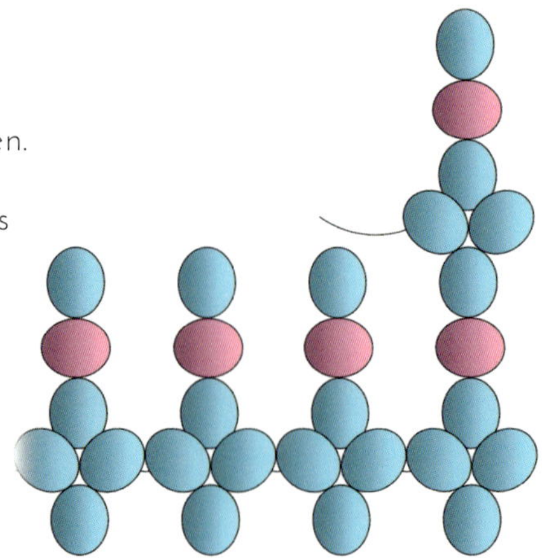

VerSO3 (Zwei Zwischenperlen hinzufügen; Leiterstich)

Auch diese Technik beinhaltet mehrere Schritte für jeden Stich, aber wie beim VerSO2 bringt Sie auch hier die Übung in den Rhythmus. Die beim VerSO3 gearbeitete netzartige Struktur ist sehr fest und für das Einfassen von Cabochons unbezahlbar. Sie ist der VerSO2-Technik sehr ähnlich, aber die Erweiterung ist ein kleines Stück länger, da beide Zwischenperlen parallel zur Kopfperle liegen. Dieses kleine bisschen Extralänge kann viel ausmachen, wenn es darum geht, Ihre Perlenarbeit passend um einen Cabochon zu arbeiten. Der zweite Vorteil der VerSO3-Technik beim Einfassen ist, dass das Fädelloch der Zwischenperle in seiner Position hervorragend für weitere Verbindungen geeignet ist.

Basisreihe:

1 Verwenden Sie zwei Farben (A als Hauptfarbe und B für die Zwischenperlen). Arbeiten Sie die **Phase 1** eines normales Hubble-Stichs aus A Perlen (die Grafik zeigt bereits den kompletten Stich).

Phase 2: Nehmen Sie 1x A, 1x B und 1x A Perle auf.

Aufgepasst! Dies ist genau derselbe Anfang wie bei der VerSO2-Technik, aber ab jetzt ändert sich alles.

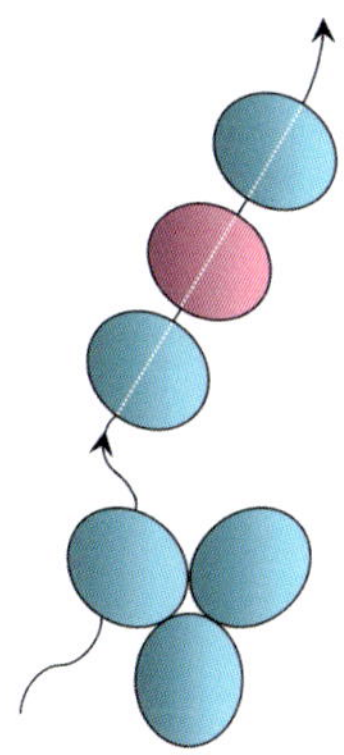

2 (Immer noch **Phase 2**) Lassen Sie die zuletzt aufgenommene A Perle aus und fädeln Sie durch folgende Perlen:

- B in gleicher Richtung wie zuvor.

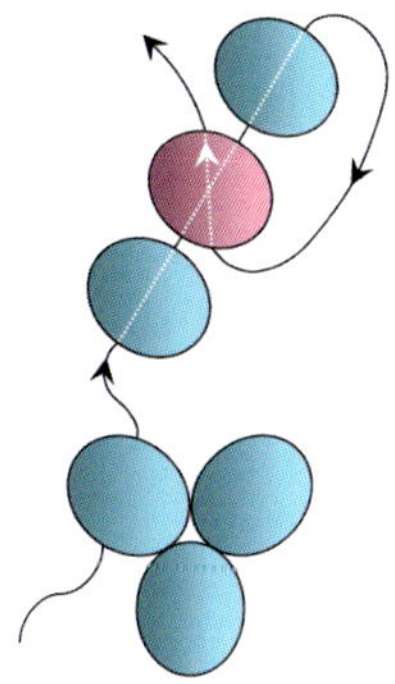

- Die zuerst hinzugefügte A Kopfperle in gleicher Richtung wie zuvor.

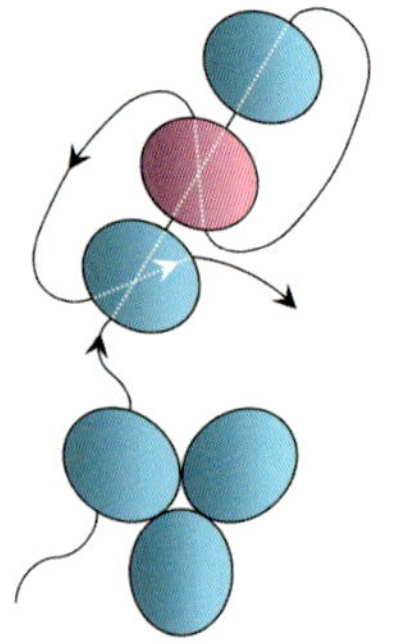

- Und zuletzt wie gewohnt durch die Armperle, um den Stich zu vervollständigen.

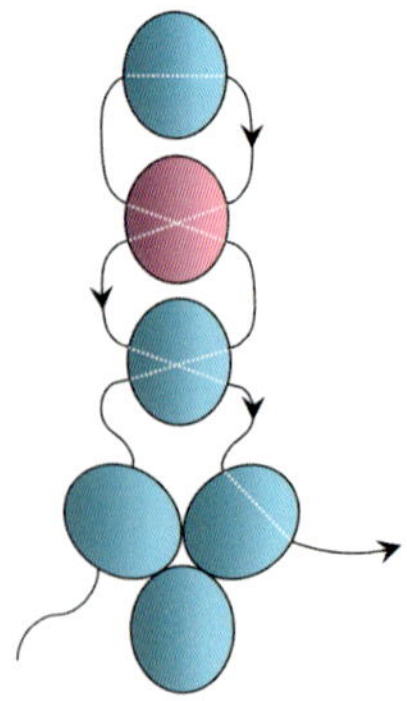

Die letzte Grafik zeigt den genauen Fadenlauf der Phase 2, bevor die Perlen zusammengeschoben werden.

Beide Zwischenperlen liegen schön ausbalanciert über der Kopfperle, als wären sie im Leiterstich gearbeitet worden. Hier liegt die B Zwischenperle parallel zu beiden A Perlen und somit liegen auch alle Fädellöcher parallel.

Workshop-Tipp 11: Schieben Sie die Perlen zusammen, indem Sie die Zwischenperlen mit Daumen und Zeigefinger halten, während Sie mit der anderen Hand fest am Faden ziehen, damit die Perlen gut übereinander liegen – Sie können tatsächlich ein wenig brutal sein, da hier eine feste Fadenspannung benötigt wird! Bevor Sie den nächsten Stich arbeiten, nehmen Sie das Fadenende in die eine und den Arbeitsfaden in die andere Hand und ziehen Sie, damit eventuelle Lücken geschlossen werden. Wenn sich die Stiche auseinanderziehen, schieben Sie sie wieder zusammen. Wiederholen Sie dies bei jedem Stich.

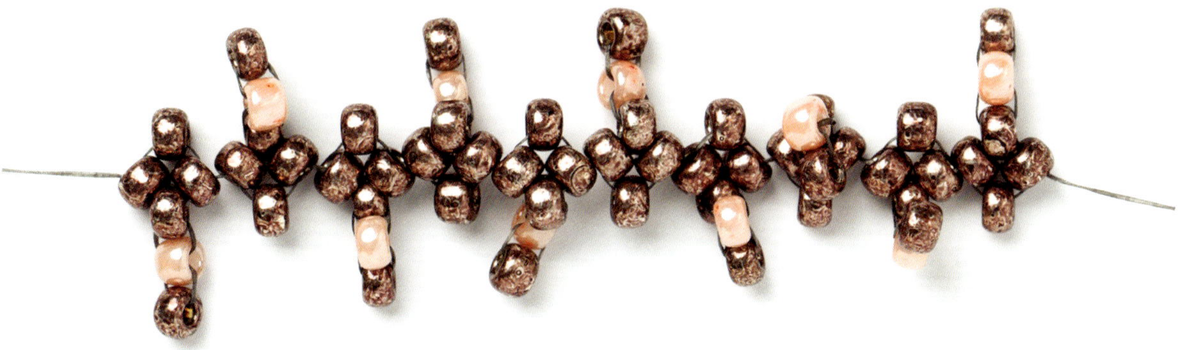

Workshop-Tipp 12: Es ist interessant zu sehen, wie eng die Perlen durch das brutale Zusammenschieben in der Realität zusammenliegen. Sie sehen tatsächlich so aus, als wären sie zu stark zusammengeschoben worden und nicht nur, bis sie sich berühren. Das ist so, da eine generelle Kraft auf den Faden einwirkt, die ihn zurück in die Leiterstichperlen zieht. Machen Sie sich keine Sorgen – wie gewohnt werden sich die Perlen an ihren Platz legen, wenn Sie die zweite Reihe arbeiten; die Leiterperlen werden sich aufrichten und alles wird ordentlich sein!

Wenn Sie diese Technik zum Einfassen verwenden, besonders über den Rand eines Cabochons, werden sich die Verlängerungen automatisch korrigieren, wie sie auch bei guter Fadenspannung tun würden (dasselbe passiert bei der VerSO2-Technik).

3 Arbeiten Sie einige weitere VerSO3-Hubble-Stiche, fädeln Sie dann den Aufschritt und kommen Sie am Ende mit der Nadel so heraus, wie es die Grafik zeigt.

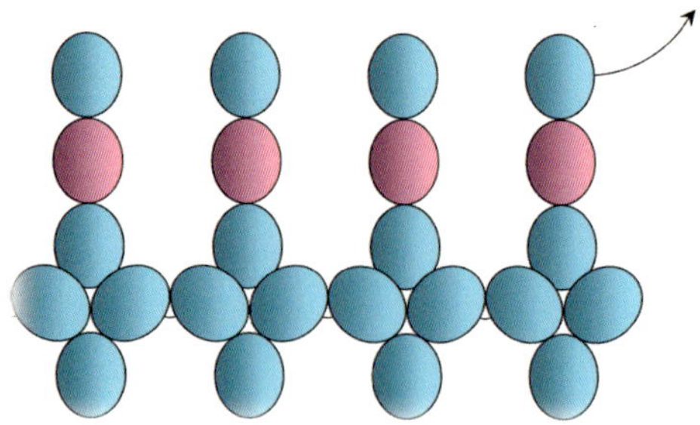

Zweite Reihe

4 Arbeiten Sie die zweite Reihe, indem Sie die Basisperlen der Phase 1 wie gewohnt hinzufügen. Denken Sie daran, die Zwischenperlen mit jeder Kopfperle der Phase 2 hinzuzufügen.

Rivoli schreien nach dem VerSO3-Hubble-Stich und in Projekt 12 „Solar Flares" kommen wir dem nach!

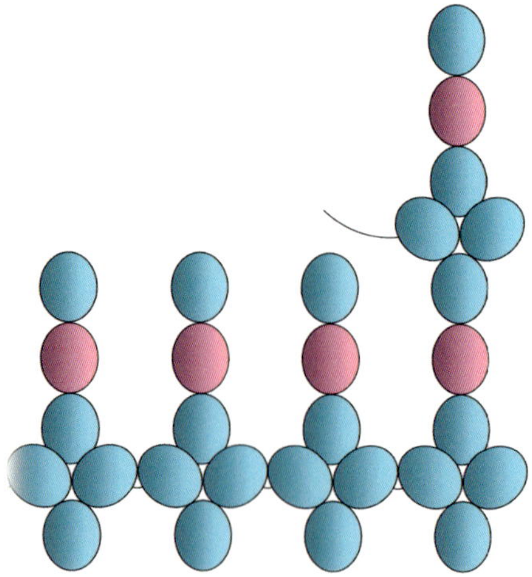

PROJEKT 8 - „CHRISTMAS CUFF"

Mit einem kleinen Farbenspiel und einem Stichmix habe ich den 2-Perlen-Hubble-Stich in Szene gesetzt. Diese kleine Weihnachtsszene besteht aus einem Baum, gekrönt von einem silbernen Stern, stehend auf einer roten Basis und umgeben von Schneeflocken – sie wurde im HorSO 2-Perlen-Hubble-Stich mit VerSO2-Abständen gearbeitet. Die verwendeten Farben sind: Dark Blue-lined Green AB (A), Silver-lined Ruby (B), Silver-lined Crystal (C) und White Pearl Ceylon (D).

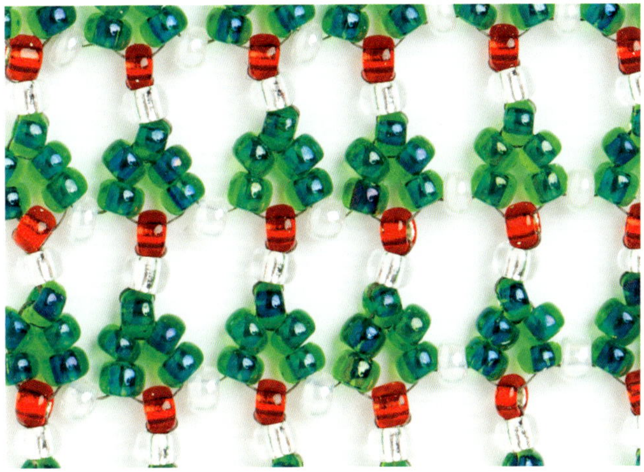

Was Sie benötigen:

- 8g 11/0 Saatperlen (A)
- 1g 11/0 Saatperlen (B)
- 1g 11/0 Saatperlen (C)
- 1g 11/0 Saatperlen (D)
- Verschluss nach Wahl (Ich habe einen 5-reihigen Schiebeverschluss und „Daisy"-Zwischenperlen verwendet)

Basisreihe:

Erster Stich:

1. **Phase 1**: Nehmen Sie 4x A und 1x B Perle auf und fädeln Sie durch die beiden zuerst aufgenommenen A Perlen.

2. **Phase 2**: Nehmen Sie 1x A, 1x C und 1x B Perle auf und arbeiten Sie die Phase 2 wie beim VerSO2-Stich.

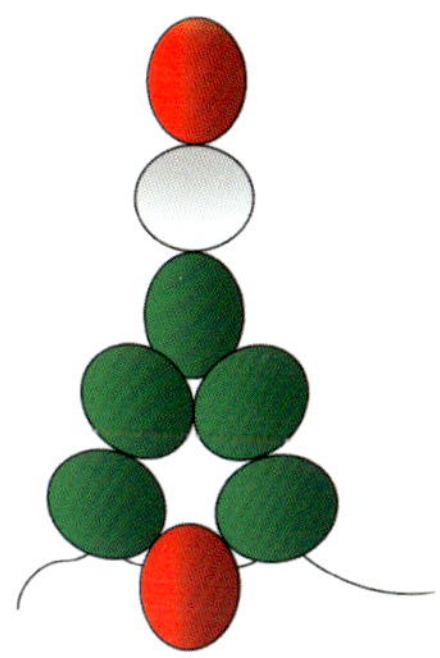

Zweiter Stich:

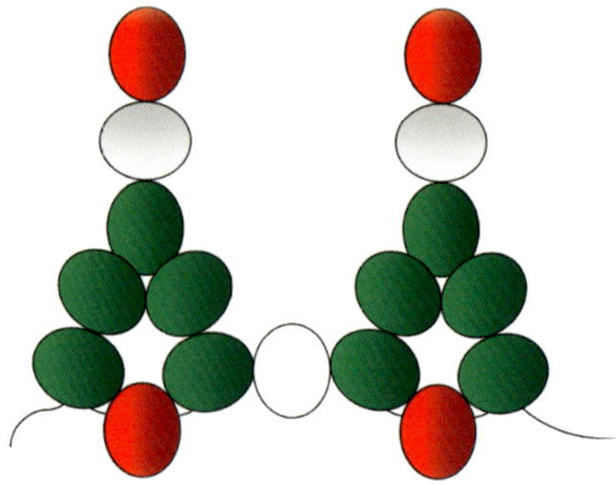

3 **Phase 1**: Nehmen Sie 1x D, 4x A und 1x B Perle auf und fädeln Sie durch die beiden zuerst aufgenommenen A Perlen.

4 **Phase 2**: Wiederholen Sie die Phase 2 wie beim ersten Basisstich.

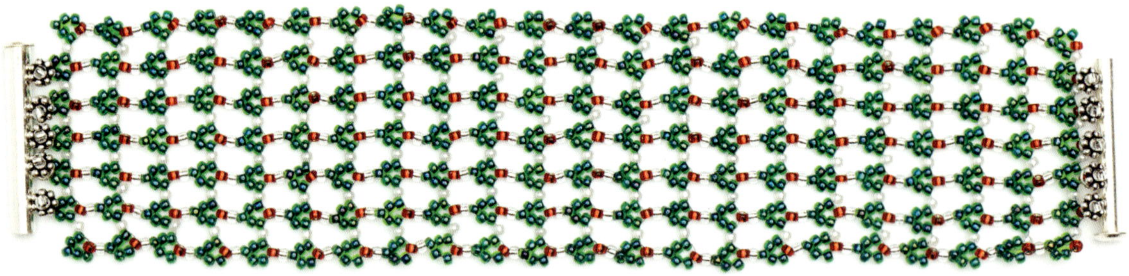

Wiederholen Sie den zweiten Basisstich noch fünf weitere Male (insgesamt 7 Stiche).

Arbeiten Sie so viele Reihen, wie Sie für Ihr Armband benötigen. In der letzten Reihe werden jedoch keine VerSO-Stiche gearbeitet, arbeiten Sie hier einfach eine normale Phase 2 für jeden Stich.

Bringen Sie den gewünschten Verschluss an. Wenn Sie einen Verschluss mit fünf Ösen verwenden, passen die mittleren fünf Kopf- bzw. Körperperlen genau an die Ösen und können mit den „Daisy"-Zwischen- und den C Perlen angenäht werden.

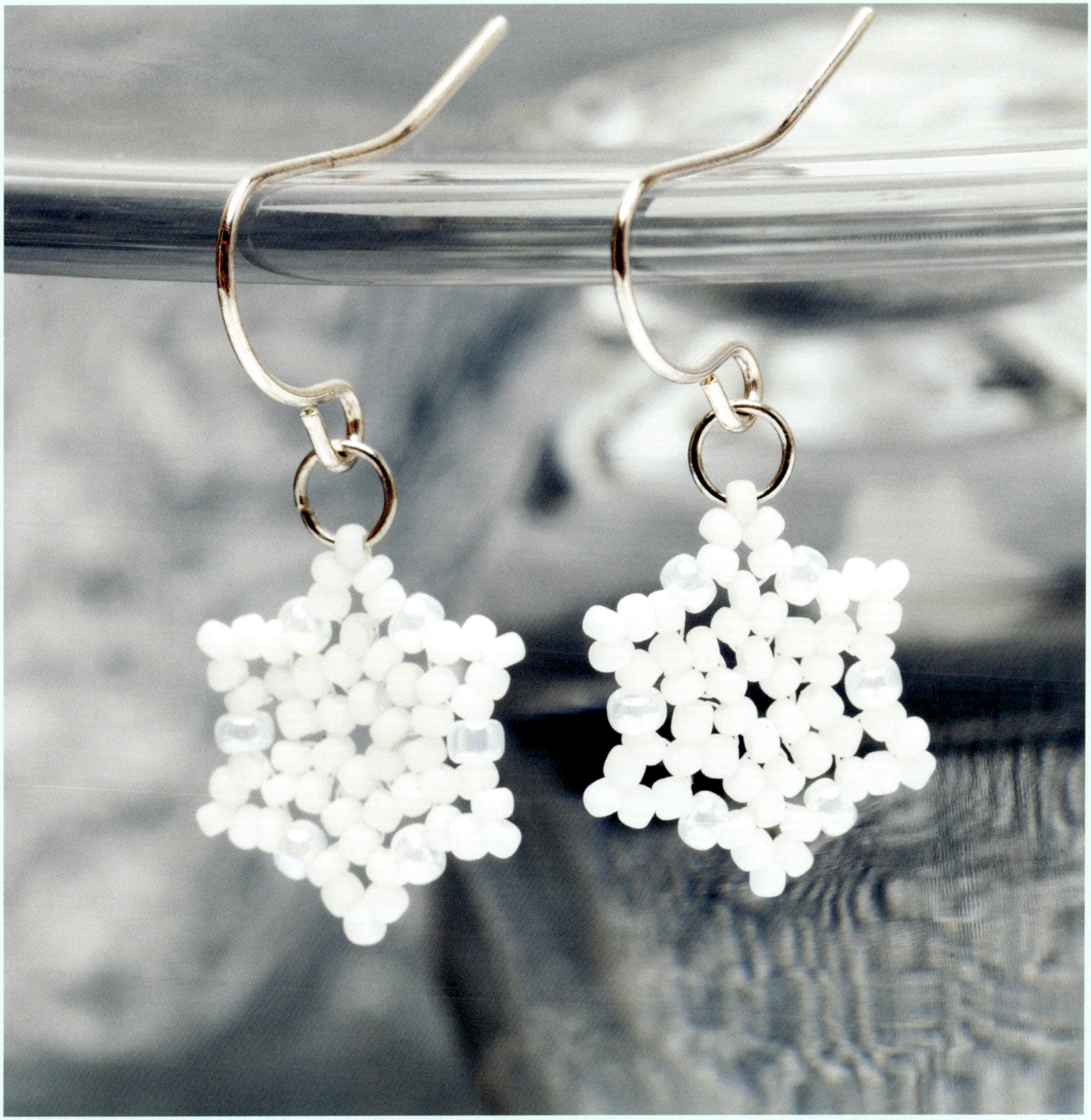

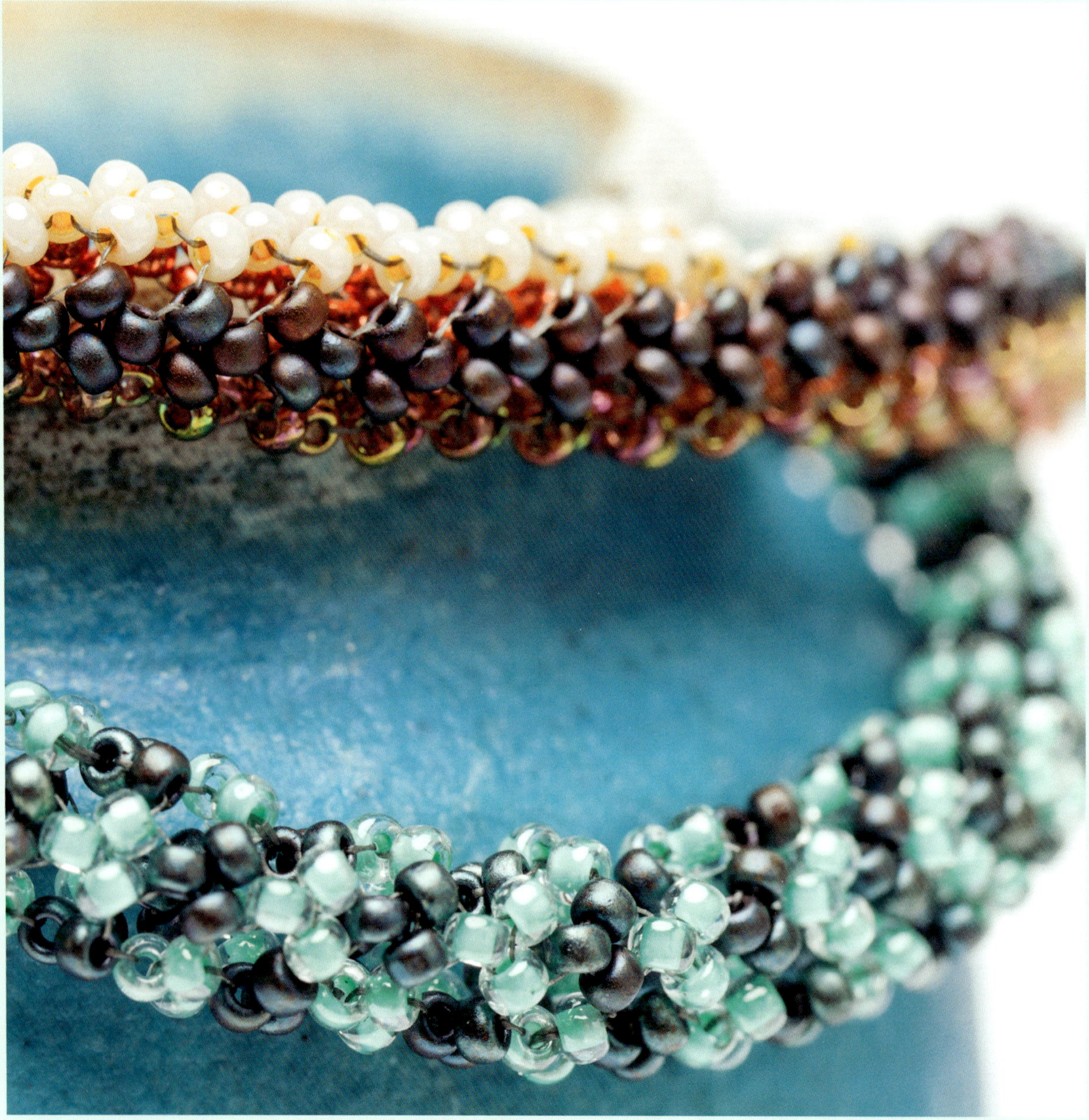

KAPITEL SECHS

• • •

Hubble-Stich in der Runde

(kreis- und röhrenförmig)

KAPITEL SECHS

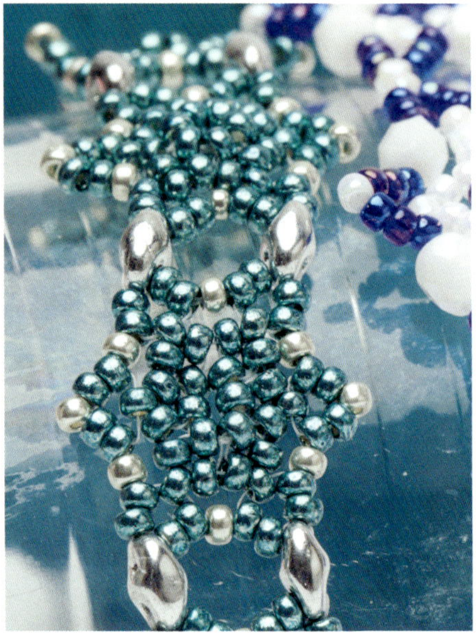

Hubble-Stich in der Runde (kreis- und röhrenförmig)

Das Schreiben dieses Buchs war eine faszinierende Reise und auf dem Weg hat es mir geholfen, meine Gedanken über meine Perlenarbeiten zu verdichten. Für mich ist einer der aufregendsten Aspekte des Fädelns die Herausforderung, Objekte wie Kristalle oder Cabochons einzufassen. Ich bin davon gefangen, sie in grazilen Strukturen einzubinden; besonders mit den winzigen 15/0 Charlotten. Es wurde mir plötzlich klar, dass ich in den letzten Jahren auf einer Art Mission war. Diese bestand daraus, Kristalle in so kleinen Perlenarbeiten wie möglich einzufangen; ich wandelte die von mir benutzten Techniken so ab, dass ich möglichst viele Perlen weglassen konnte, aber immer noch eine stabile Struktur behielt. Der Hubble-Stich in der Runde (in seiner kreis- oder röhrenförmige Form) ist hervorragend zum Einfassen geeignet, da seine spitzenartige Struktur es erlaubt, mehr vom Glitzern oder dem Schimmer des Kristalls zu zeigen. Der Stich scheint sich nahezu unheimlich an die Oberfläche des Cabochons anzulegen. Dies wird besonders deutlich, wenn winzige Saatperlen verwendet werden.

Um im kreis- oder röhrenförmigen Hubble-Stich zu arbeiten, müssen Sie nur, nachdem Sie eine Reihe in irgendeinem Hubble-Stich angeschlagen haben, die Enden verbinden.

1 Schlagen Sie die für Ihr kreis- oder röhrenförmiges Stück benötigte Anzahl Hubble-Stiche an und legen Sie den Arbeitsfaden und den Fadenrest nebeneinander.

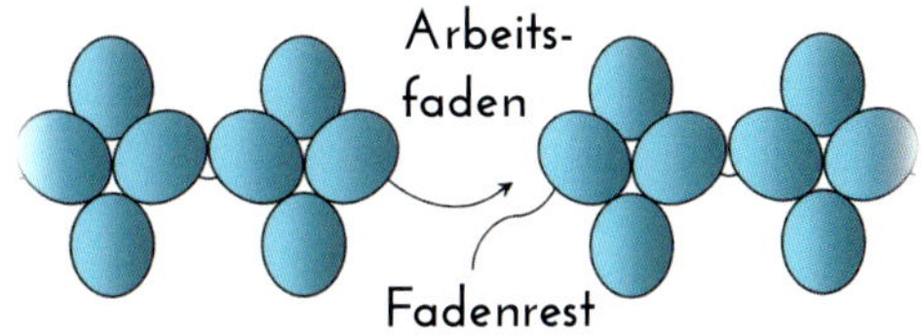

2 Fädeln Sie durch die Arm- und Kopfperle. Schauen Sie genau auf diese Verbindung – die beiden Hubble-Stiche sind unter ihren Armen verbunden, genau wie alle anderen.

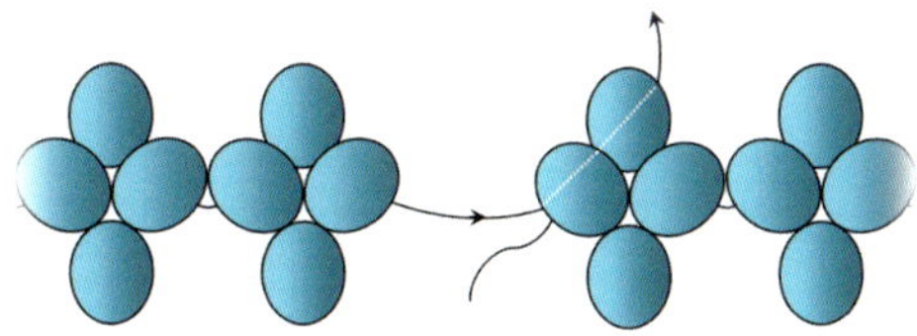

3 Schieben Sie die beiden Enden der Perlenarbeit zusammen.

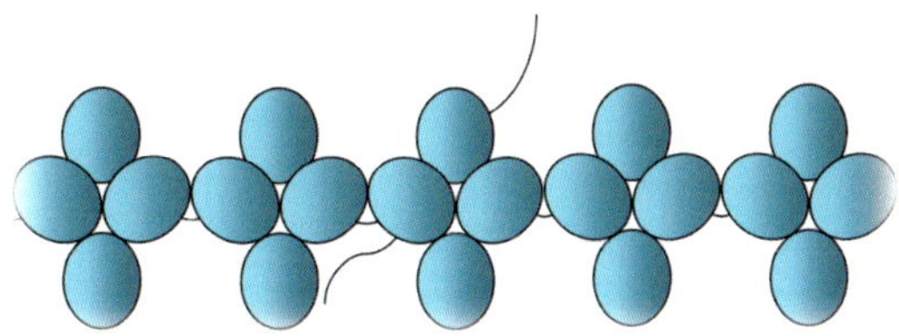

Wie einfach war das?

Workshop-Tipp 14: Machen Sie sich keine Sorgen darüber, alles korrekt zu arrangieren. Es mag alles ein wenig unordentlich aussehen, aber die guten Neuigkeiten sind, dass Sie jetzt nicht herumfummeln müssen, damit die Hubble-Stiche aufrecht stehen. Wenn Sie die zweite Reihe arbeiten und dabei die Frage stellen, werden sich alle Stiche ordentlich legen.

Workshop-Tipp 15: Zur Verstärkung und um sicherzustellen, dass die beiden Enden nicht auseinanderdriften, fädeln Sie so vor, dass Sie mit Ihrer Nadel aus der Kopfperle des nächsten Hubble-Stichs herauskommen und schieben die Perlen zusammen. Wenn Sie das Fadenende vernähen, müssen Sie vielleicht durch den ersten Hubble-Stich fädeln und dies verhindert, dass Probleme durch zu viele Fadenläufe entstehen.

Für mehr Sicherheit, besonders beim Einfassen, fadeln Sie durch alle vier Perlen dieses zweiten Hubble-Stichs und kommen am Ende wieder mit der Nadel aus der Kopfperle heraus.

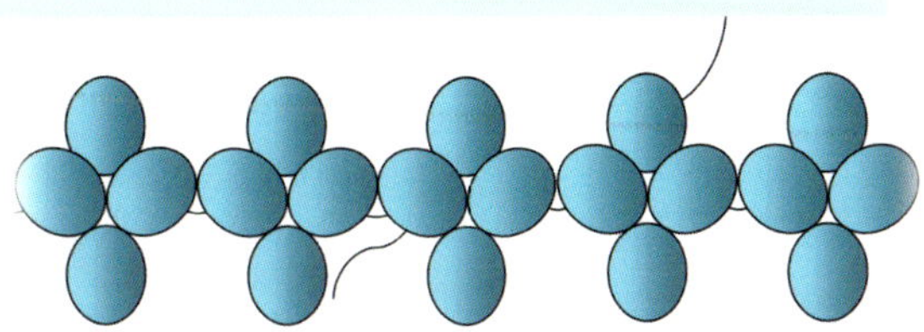

PROJEKT 9 - „SNOWFLAKES"

Hier kommt ein hübsches, kleines Projekt, mit dem Sie die Verbindung im kreisförmigen Hubble-Stich üben können und mit dem einfachen, dem 2-Perlen- und dem HorSO-Hubble-Stich spielen. Außerdem beinhaltet es eine sehr einfache Methode, um Stiche anzuschlagen. Ich habe Frosted Chalk White (A) und White Alabaster (B) für die Schneeflocken verwendet.

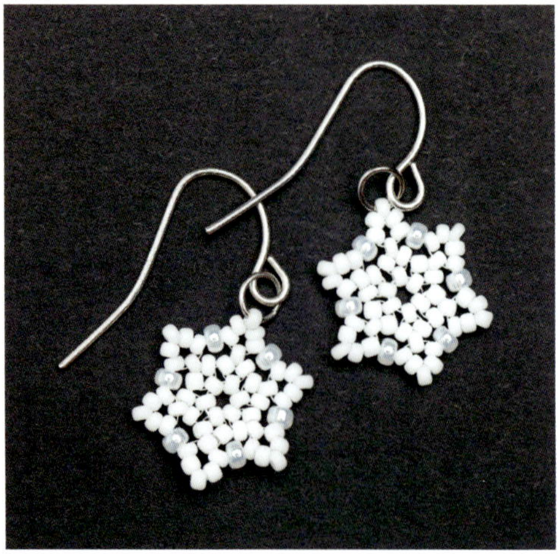

Was Sie benötigen:

- 0,5g 15/0 Saatperlen (A)
- 12x 11/0 Saatperlen (B Zwischenperlen)
- 2x Biegeringe, 3 mm
- 1 Paar Ohrhaken

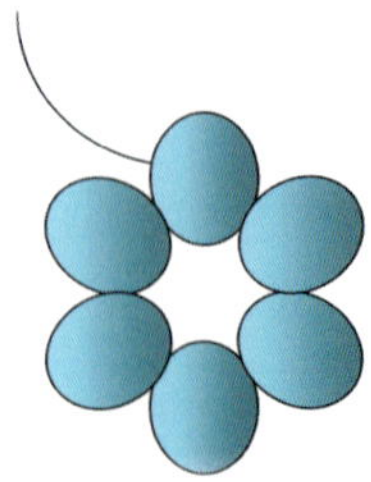

1. Nehmen Sie 6x A Perlen auf und fädeln Sie nochmals durch alle sechs Perlen, um einen Ring zu erhalten. Fädeln Sie nochmals durch die zuerst aufgenommene A Perle.

   Stellen Sie sich jede dieser sechs Perlen als eine Kopfperle einer vorangegangenen Hubble-Reihe vor. Jetzt können Sie eine Reihe Hubble-Stiche darauf arbeiten:

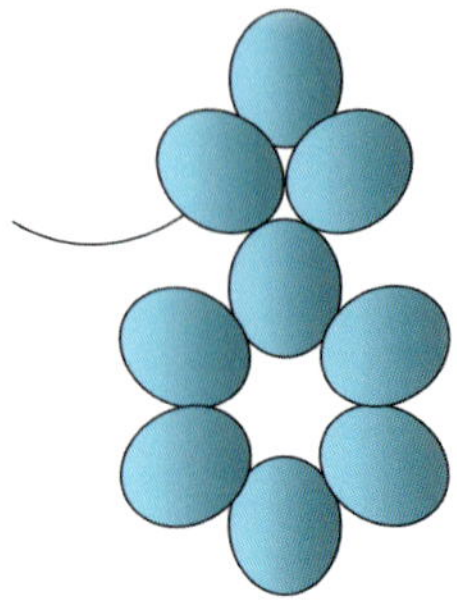

2. Nehmen Sie 2x A Perlen auf und arbeiten Sie eine Phase 1 Basis auf der Kopfperle, aus der der Faden kommt. Fügen Sie dann die Kopfperle der Phase 2 hinzu.

3 Jetzt haben Sie einen Hubble-Stich fertiggestellt. Arbeiten Sie fünf weitere und schieben Sie dabei die Perlen immer zusammen.

Verbinden Sie den sechsten mit dem ersten Stich, um den Kreis zu vollenden.

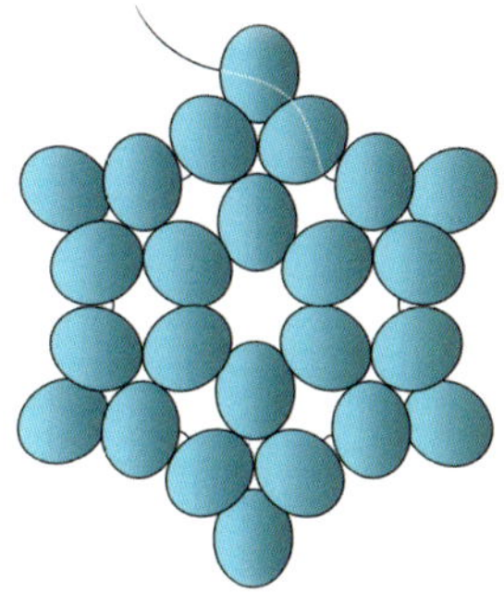

Workshop-Tipp 16: Sichern Sie den Kreis, indem Sie bis zur nächsten Kopfperle vorfädeln oder fädeln Sie nochmals durch alle vier Perlen des ersten Hubble-Stichs und kommen Sie mit der Nadel aus der Kopfperle heraus.

Wie immer: Schieben Sie die Perlen zusammen.

4 Arbeiten Sie einen 2-Perlen-Hubble-Stich aus A Perlen.

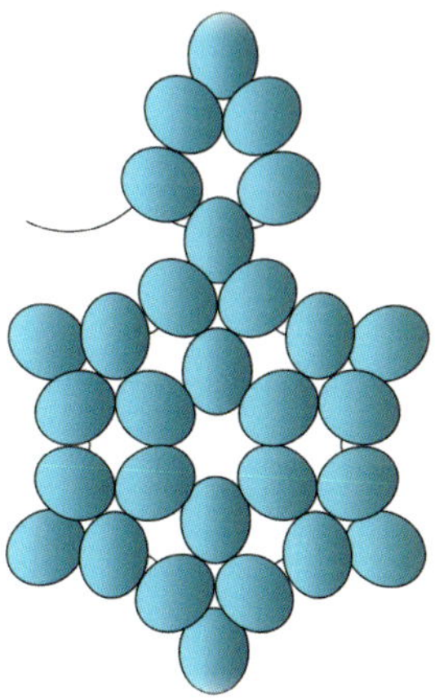

5 Arbeiten Sie fünf Stiche im HorSO 2-Perlen-Hubble-Stich mit B Perlen als Zwischenperlen.

Nehmen Sie die letzte B Zwischenperle auf, bevor Sie den sechsten mit dem ersten Stich verbinden, um den Kreis zu schließen.

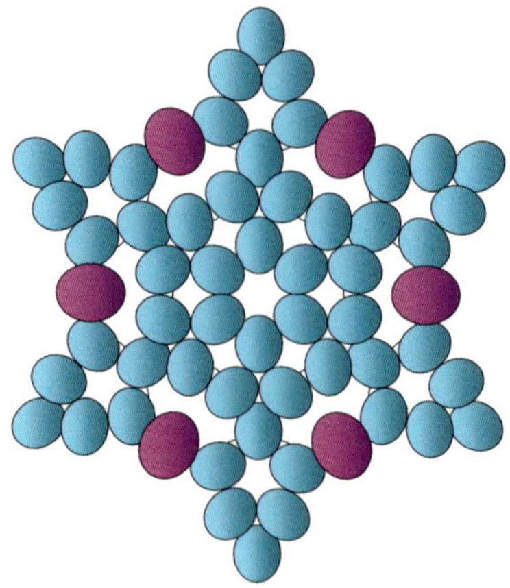

Workshop-Tipp 17: Denken Sie daran: Zwei Stiche sind immer mit dem Faden, der unter den Armen herauskommt, miteinander verbunden. Also fädeln Sie beim kreis- oder röhrenförmigen 2-Perlen-Hubble-Stich nach oben durch die zwei Armperlen und so weiter, dass Ihre Nadel aus der Kopfperle herauskommt.

Vernähen Sie sowohl den Fadenrest als den Arbeitsfaden.

6 Bringen Sie, um den Ohrhänger fertigzustellen, den Ohrhaken mit dem Biegering an.

Varianten

- Verwenden Sie kontrastierende Farben für die beiden Runden, dies ergibt ein wirklich schönes Resultat.
- Arbeiten Sie ein Armband oder eine Halskette aus vielen Schneeflocken in einer Vielzahl von Farben. Erika hat ein Armband aus Schneeflocken gearbeitet und dabei SuperDuo®-Perlen für manche Kopfperlen verwendet, um die einzelnen Elemente zu verbinden (siehe Foto auf Seite 74).
- Experimentieren Sie mit mehr Runden, um zu sehen, wie Sie den kreisförmigen Hubble-Stich erweitern können und ob dieser flach bleibt oder sich wölbt. Ändern Sie die Größe für die Hubble- und Zwischenperlen und sehen Sie, was für ein interessantes Stück Sie erhalten; etwas, was ich „geordnete freie Form" nenne. Oder arbeiten Sie einfach um eine feste Form herum!

PROJEKT 10 - „HUBBLE ROPES"

Diese hübschen Schlauchketten ergeben die perfekte Möglichkeit, den röhrenförmigen Hubble-Stich zu üben. Mit nur vier Stichen pro Runde können Sie sie in kürzester Zeit arbeiten. Wie bei vielen Perlenarbeiten ist der schwierigste Teil der Anfang. Wenn Sie aber erst einmal die zweite Runde gearbeitet haben und die kleinen Basisstiche richtig liegen, geht es flink von der Hand. Die Technik für die beiden gezeigten Beispielketten ist genau dieselbe; der einzige Unterschied ist, wo die Perlenfarbe geändert wird.

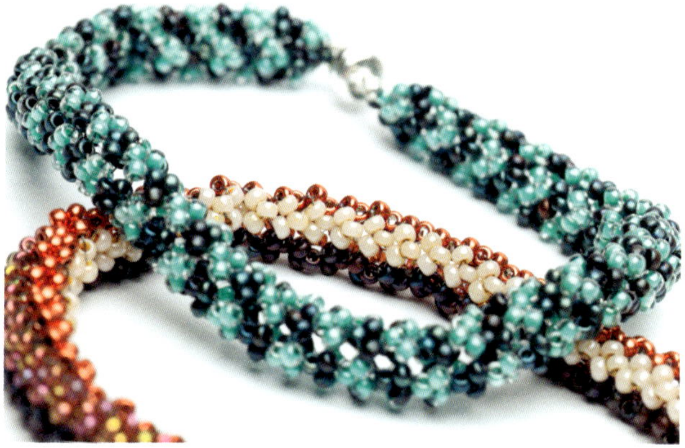

Für eine Kette einer Farbe benötigen Sie:

- 8g 11/0 Saatperlen
- Verschluss nach Wunsch
- Zahnstocher

1. Schlagen Sie 4 Hubble-Stiche an, verbinden Sie diese zu einem Kreis; arbeiten Sie den Aufschritt.

Workshop-Tipp 18: Jetzt kommt der Zahnstocher ins Spiel. Es ist wirklich sehr hilfreich, den Zahnstocher durch die Mitte der vier Hubble-Stiche zu stecken. Mit dem Zahnstocher können Sie die Hubble-Stiche wenden, damit alle „Hurra" rufen und leicht sehen, wo Sie die Nadel für jeden Stich einstechen müssen. Lassen Sie den Zahnstocher für einige Runden in Ihrer Perlenarbeit, bis Sie sie gut halten können. Passen Sie dabei auf, dass der Faden sich nicht um den Zahnstocher legt und Sie eine Schlaufe haben.

2. Arbeiten Sie weitere Runden, bis Sie mit der Länge Ihrer Schlauchkette zufrieden sind.
3. Um die Kette zu beenden, führen Sie die Nadel einige Male durch die vier Kopf- bzw. Körperperlen und ziehen Sie zusammen. Bringen Sie an beide Enden die Verschlussteile an, vernähen Sie die Fäden und schneiden Sie sie ab.

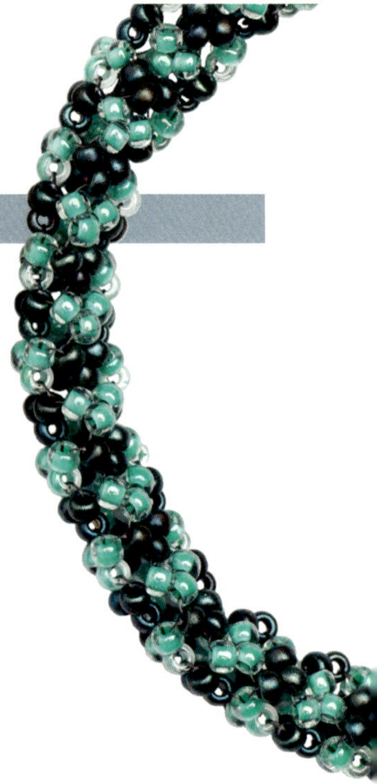

PROJEKT 10 - „HUBBLE ROPES"

Probieren Sie die beiden unten gezeigten Varianten aus:

Kette 1 (Matte Metallic Purple und Pale Green-lined Crystal)

Was Sie benötigen:

- 4g 11/0 Saatperlen (A)
- 4g 11/0 Saatperlen (B)

1. Basisrunde: Schlagen Sie 4 Stiche aus sich abwechselnden Farben (A, B, A, B) an. Verbinden Sie die beiden Enden zu einem Kreis, arbeiten Sie den Aufschritt und kommen Sie mit der Nadel aus einer A Perle heraus.
2. Zweite Runde: Arbeiten Sie Stiche aus den Farben B, A, B und A.
3. Fädeln Sie diese beiden, sich abwechselnden Runden weiter, bis Sie die gewünschte Länge erreicht haben.

Kette 2 (Ceylon Pale Tangerine, Duracoat Galvanised Berry, Dark Topaz Rainbow Gold Luster und Frosted Matte Bronze Iris)

Was Sie benötigen:

- je 2g 11/0 Saatperlen in vier Farben (A, B, C und D)

1. Basisrunde: Schlagen Sie 4 Stiche an, jeden in einer anderen Farbe (A, B, C, D). Verbinden Sie die beiden Enden zu einem Kreis, arbeiten Sie den Aufschritt und kommen Sie mit der Nadel aus einer A Perle heraus.
2. Zweite Runde: Arbeiten Sie Stiche aus den Farben A, B, C und D.
3. Fädeln Sie diesen Rapport, bis Sie die gewünschte Länge erreicht haben.

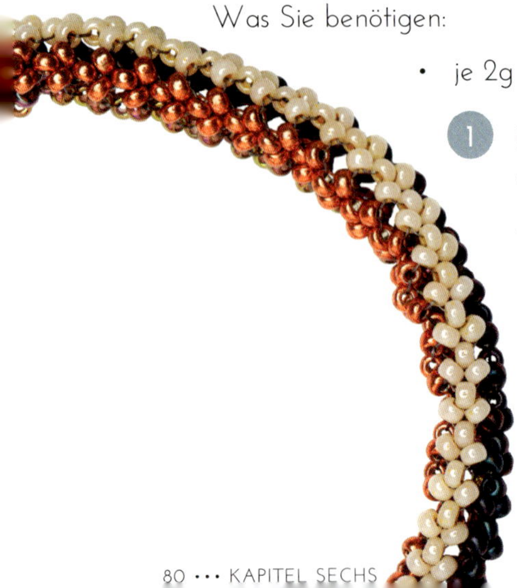

Varianten

- Bei dieser Technik sind Myriaden von Varianten möglich. Sie haben bei Projekt 7 („Enchanted Forest“) gesehen was passiert, wenn Sie für jeden Stich eine andere Farbe verwenden – was wäre das für ein Spaß für eine Halskette! Wie wäre es mit verschiedenen Schattierungen von Blau oder Lila? Oder...
- Eine Kette im 2-Perlen-Hubble-Stich ist viel offener und spitzenartig; außerdem wird sie schnell wachsen.

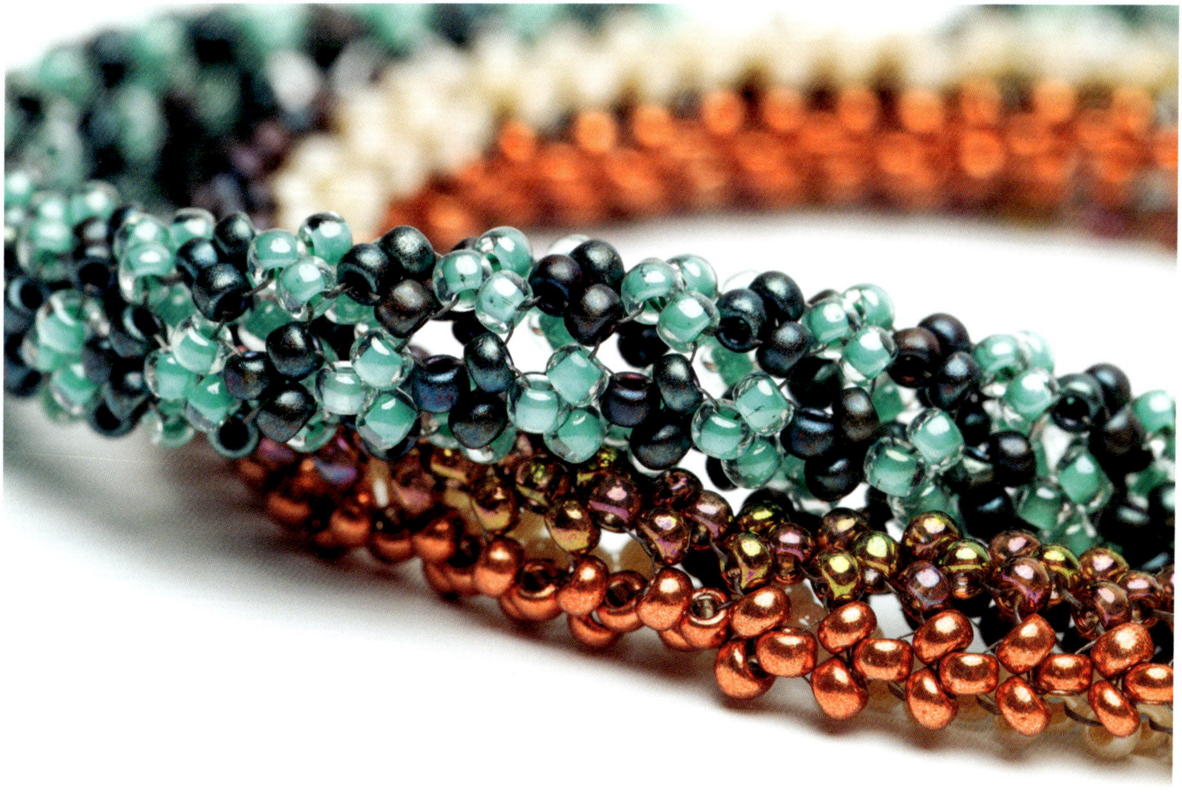

PROJEKT 11 - „SCARF RING"

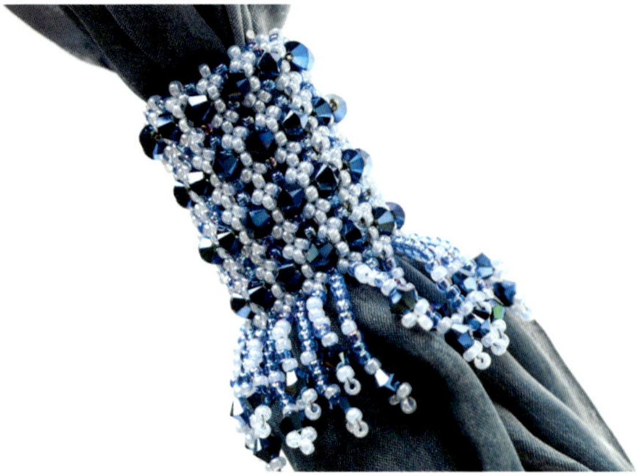

Hier kommt ein hübsches, kleines Design, welches Ihnen viel Raum zum Üben der Kombination des HorSO- mit dem VerSO1-Hubble-Stich in röhrenförmiger Form bietet. Pfff! Das mag herausfordernd klingen – ist es aber nicht, wenn Sie nur einen Schritt zur Zeit machen. Es wird nicht lange dauern und Sie machen die Schritte automatisch. Außerdem besteht die Möglichkeit, am Ende alles mit Kristallen und Fransen zu verzieren, und das macht Spaß. Die Struktur wird fest, wenn die Kristalle eingefügt wurden, und damit ist das Stück perfekt für seinen Zweck geeignet. Verwenden Sie Perlen passend zum Schal; bei mir waren es Ceylon Sky Blue und Transparent Turquoise AB mit Kristallen der Farbe Metallic Blue.

Was Sie benötigen:

- 5g 11/0 Saatperlen (A)
- 2g 11/0 Saatperlen (B Zwischenperlen)
- 78x Swarovski® Doppelkegel, 4 mm (C)

Workshop-Tipp 19: Schauen Sie genau auf das Foto. Die Basisrunde ist oben und die Fransen wurden an die letzte Runde angefügt.

Basisrunde:

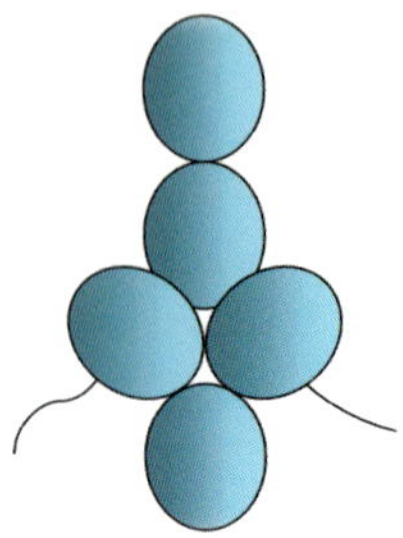

1 **Erster Stich**: Nehmen Sie mit einer guten Armlänge Faden 3x A Perlen auf und arbeiten Sie Phase 1.

Nehmen Sie 2x A Perlen auf und arbeiten Sie die Phase 2 des VerSO1.

2 **Zweiter Stich**: Nehmen Sie 1x B und 3x A Perlen auf und fädeln Sie Phase 1 (denken Sie daran, dass die B Perle die Zwischenperle ist).

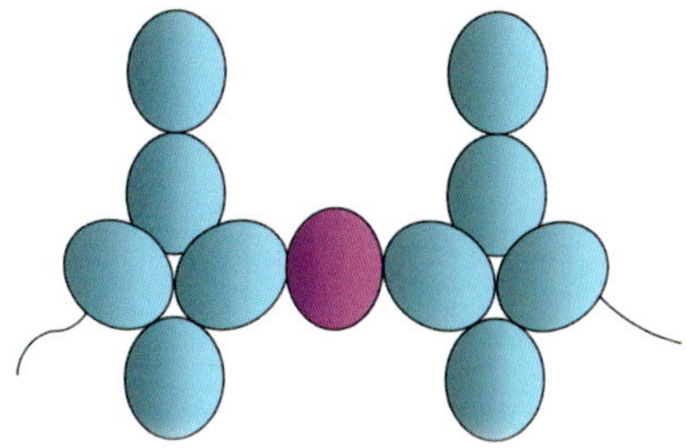

Nehmen Sie 2x A Perlen auf und arbeiten Sie **Phase 2** des VerSO1.

Schieben Sie die Perlen zusammen (schauen Sie auf den Workshop-Tipp 7 auf Seite 60).

3 Wiederholen Sie Schritt 2 noch 11 weitere Male; insgesamt 13 Stiche.

Bevor Sie die beiden Enden verbinden, nehmen Sie 1x B als letzte Zwischenperle auf. Arbeiten Sie den Aufschritt.

Zweite Runde:

4 Fädeln Sie eine Runde im HorSO-Hubble-Stich und keine VerSO1-Stiche (nehmen Sie also nur 1x A für jede Phase 2 auf). Aufschritt.

5 Diese beiden Runden ergeben sich wiederholend das Muster. Fahren Sie also fort. Die dritte Runde wird im HorSO, kombiniert mit dem VerSO1, gearbeitet und die vierte Runde nur im HorSO-Stich.

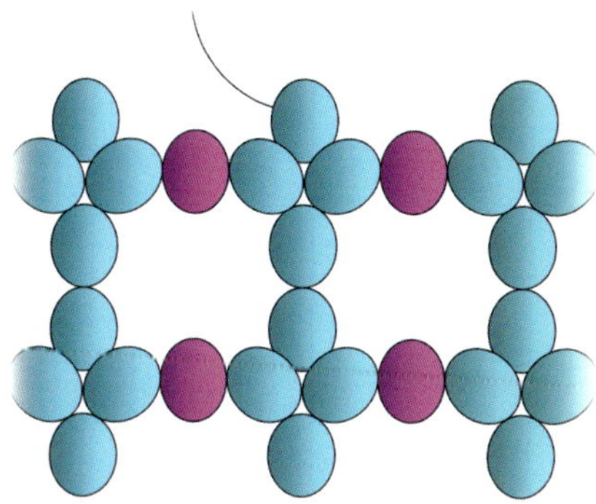

Fahren Sie so fort, bis Sie insgesamt 8 Runden gearbeitet haben.

6 Sichern Sie die letzte Verbindung und fädeln Sie so durch die Perlen, dass Ihre Nadel aus der am nächsten liegenden Körperperle herauskommt. Jetzt sind Sie bereit, um mit der Kristall-Verzierung zu beginnen.

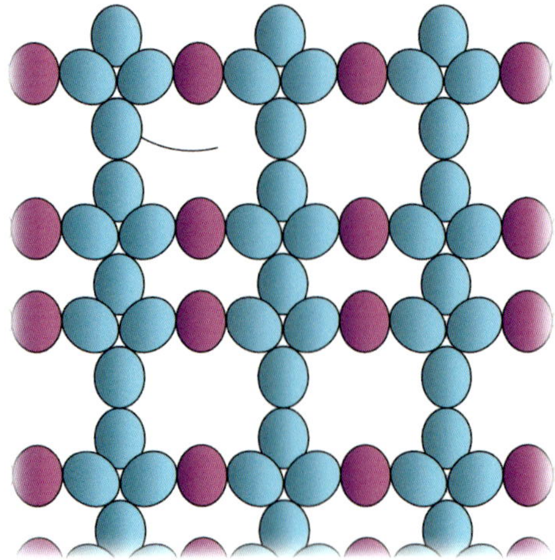

7 Nehmen Sie 1x C Perle auf und fädeln Sie durch die nächste Körperperle derselben Runde.

Wiederholen Sie dies 12 weitere Male und füllen Sie so alle Zwischenräume dieser Runde.

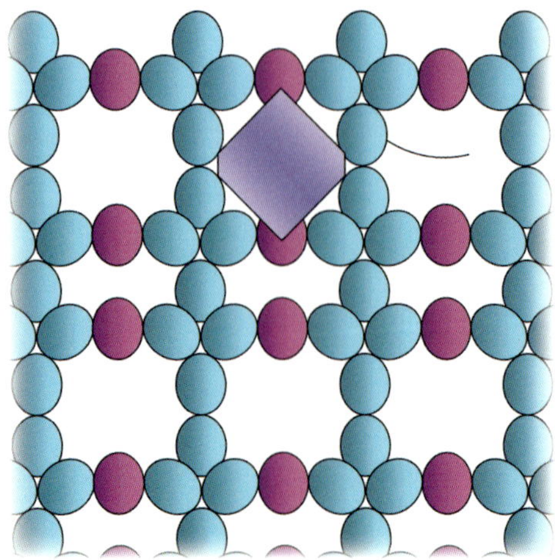

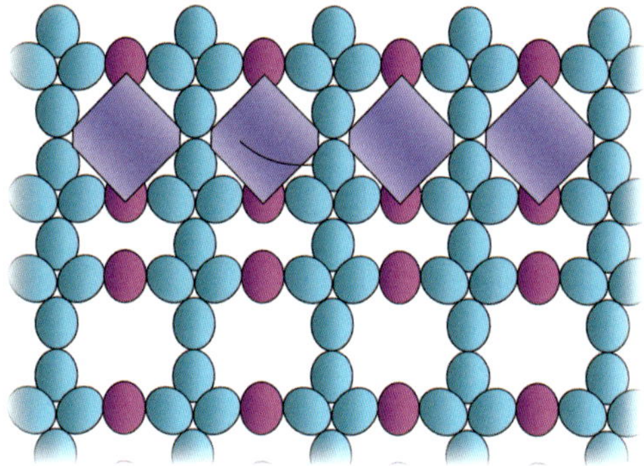

8 Schauen Sie auf die Kristalle. Deren Fädellöcher sollten genau zwischen Kopf- und Körperperle der benachbarten Hubble-Stiche liegen. Der Faden führt aber nur durch die Körperperlen und die Kristalle. Das beheben wir jetzt.

Achten Sie darauf, die Perlen zusammenzuschieben, jedoch nicht zu eng.

Mit der Nadel aus derselben Körperperle wie zu Beginn der Runde kommend, wenden und fädeln Sie durch die genau darunter liegende Kopfperle. Dies ändert Ihre Fädelrichtung.

Fädeln Sie noch mal durch die Runde mit den Kristallen, dieses Mal jedoch durch die Kopfperlen. Dies bringt die Kristalle in ihre korrekte Position.

9 Füllen Sie alle verbliebenen Zwischenräume mit Kristallen und fädeln Sie dann so zurück, dass Sie mit Ihrer Nadel aus einer Kopfperle der letzten Runde herauskommen. Arbeiten Sie von jeder Kopf- und Zwischenperle ausgehend eine Franse, so, wie sie Ihnen gefällt. Die Fransen können einfache Fransen, wie in meinem Beispiel sein, oder lang und luxuriös, oder aufgeputzt und in einer Schlaufe, oder...!

Varianten

- Arbeiten Sie einen Schalring im 2-Perlen-Hubble-Stich und verwenden Sie echte Perlen oder andere Formen und Größen als Kristallperlen.
- Fädeln Sie eine Variante aus sechs Runden ohne Fransen und Sie erhalten einen eindrucksvollen Ring!

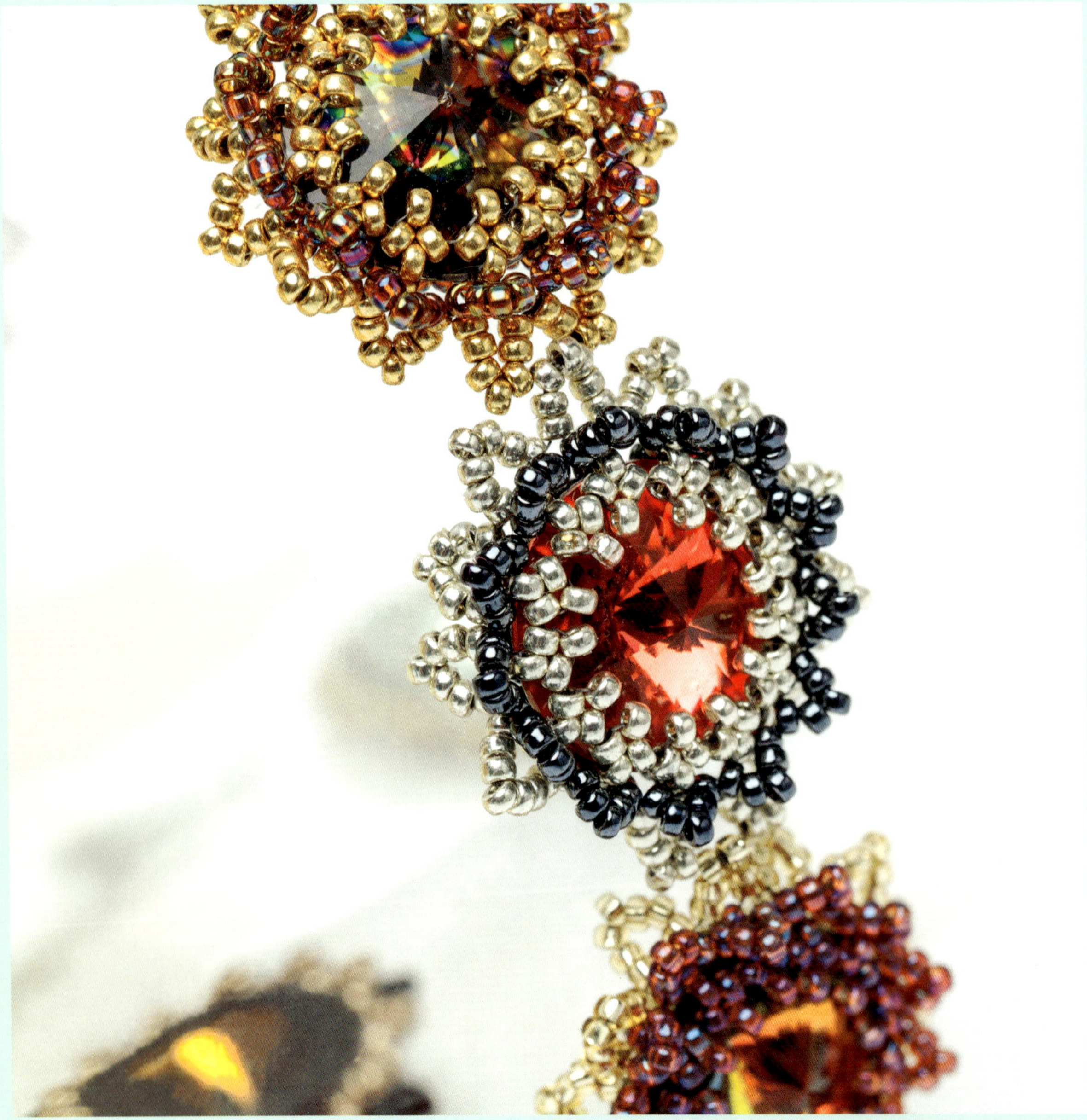

KAPITEL SIEBEN

• • •

Umgekehrter Hubble-Stich

KAPITEL SIEBEN

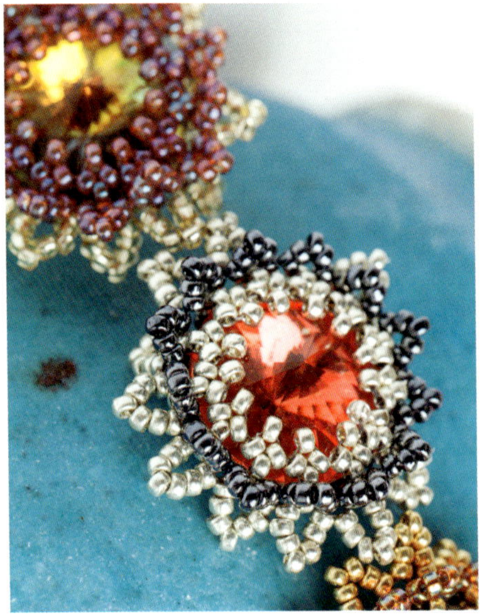

Umgekehrter Hubble-Stich

Was ist der umgekehrte Hubble-Stich und wie passt er in das Muster? Die Antwort lautet, dass er einfach ein Hubble-Stich ist, bei dem unten oben ist; gearbeitet aus einem existierenden Hubble-Stich (oder anderen vorhandenen Perlen - aber dies ist ein anderes Thema). Es ist wichtig zu verstehen, dass eine Reihe umgekehrter Hubble-Stiche immer eine neue Reihe sein wird, die aus einer existierenden Perlenarbeit heraus entsteht – es wird niemals eine Basisreihe sein, da der Stich von etwas bereits Vorhandenem ausgehend gearbeitet werden muss.

Dies ist ein sehr besonderer Teil der Arbeit mit dem Hubble-Stich, da Sie damit Kristalle und Cabochons in ausgesprochen reizvollen Arten einfassen können.

In diesem Buch stelle ich Ihnen den umgekehrten Hubble-Stich vor, welcher von einem kreisförmigen Hubble-Stich ausgeht, denn dies zeigt die Technik sehr deutlich und Sie können diese bei dem Projekt „Solar Flares" üben.

Bisher haben Sie einiges vom Hubble-Stich kennengelernt, so wissen Sie, dass der Hubble-Stich immer mit der Phase 1 beginnt, der Basis. Gefolgt von Phase 2, der Kopfperle. Glücklicherweise ist dies auch beim umgekehrten Hubble-Stich der Fall (Hurra!). Der einzige Unterschied ist, dass Sie bei Phase 1 immer eine komplett neue, separate Basis (wie bei der Basisreihe des Hubble-Stichs) arbeiten müssen, anstelle die existierende Perle der Vorrunde in die Perlenarbeit zu integrieren. Und bei Phase 2, anstelle einer neuen Kopfperle aufzunehmen, fädeln Sie einfach durch die bereits in der Vorreihe eingefügte Perle.

Vielleicht denken Sie, dass es jetzt an der Zeit wäre zur Flasche zu greifen, aber wir haben es fast geschafft und diese Technik eröffnet so viele interessante Möglichkeiten.

Ich empfehle, mit zwei leuchtenden Farben 8/0 Saatperlen (A und B) zu arbeiten, um den Fadenlauf deutlich sehen und besser verstehen zu können, was passiert. Um Sie bereit für den umgekehrten Hubble-Stich zu machen, arbeiten Sie einen kleinen Kreis im normalen Hubble-Stich.

Los geht's!

Basisrunde:

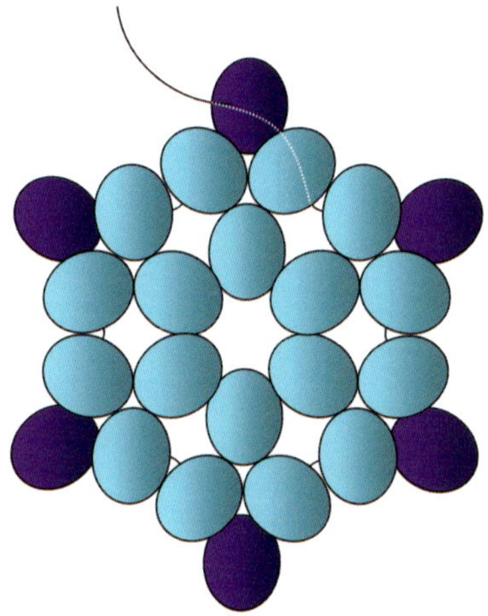

1 Verwenden Sie A Perlen für die Basis und B Perlen für die Kopfperlen der Phase 2. Arbeiten Sie die Schritte 1 bis 3 des Projekts 9 „Snowflakes".

Durch die simple Methode, einen Ring als Ausgangsbasis zu nutzen, ist sichergestellt, dass alle Kopfperlen korrekt liegen (Sie müssen also nicht die Frage fragen!) und außerdem können Sie sie deutlich sehen, da sie eine andere Farbe haben!

Workshop-Tipp 20: Denken Sie daran, dass jeder erste Stich jeder zweiten Reihe im Hubble-Stich etwas anders als die anderen ist, da Sie immer vom Stich darunter ausgehen. Dies trifft auch bei dem umgekehrten Hubble-Stich zu.

Zweite Runde:

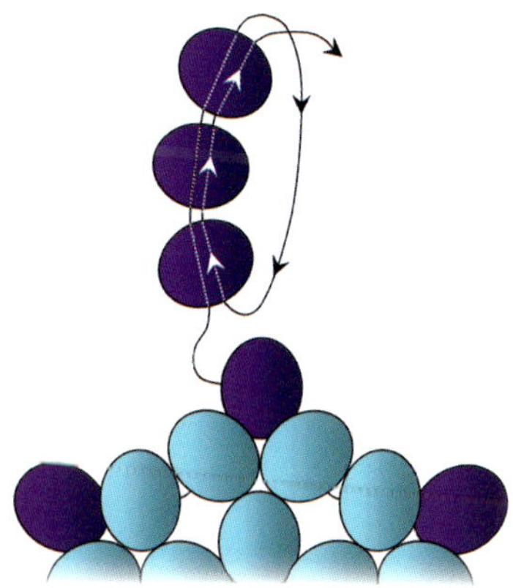

2 Umgekehrte Hubble-Stich, **Phase 1**: Nehmen Sie 3x B Perlen auf und fädeln Sie nochmals durch alle drei Perlen, um einen Ring zu erhalten. Dieser wird dicht an der Kopfperle hängen, aus der die Nadel kam.

(Immer noch **Phase 1**): Schieben Sie diese drei B Perlen zusammen.

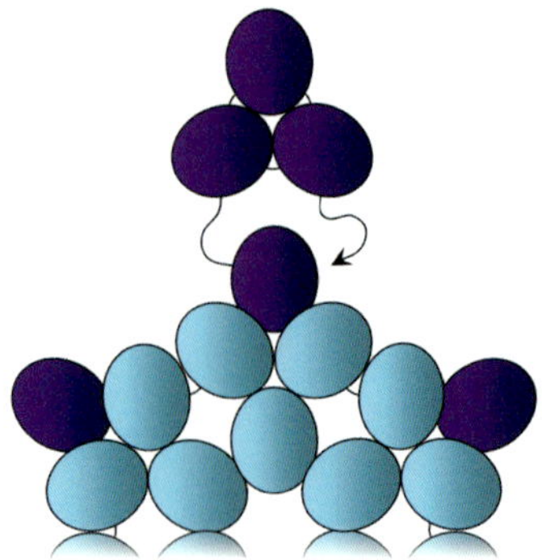

Machen Sie sich keine Gedanken darüber, dass diese Perlen noch nicht mit der Perlenarbeit zusammengeschoben wurden.

3 **Phase 2**: Schauen Sie genau auf die Kopfperle unten, aus der der Faden herauskommt. In der Grafik kommt der Faden aus der linken Seite der Perle, also fädeln Sie von rechts nach links durch diese. Dies schiebt die Basisperlen korrekt an die Kopfperle.

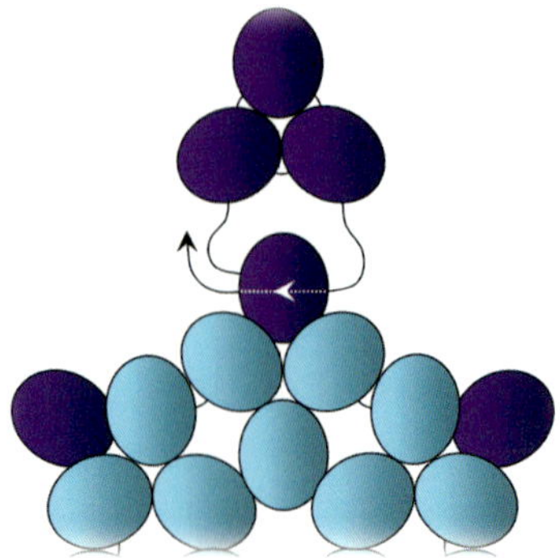

4 (Immer noch **Phase 2**): Um die Phase 2 zu vollenden, fädeln Sie einfach wie gewohnt durch die benachbarte Armperle und schieben die Perlen zusammen.

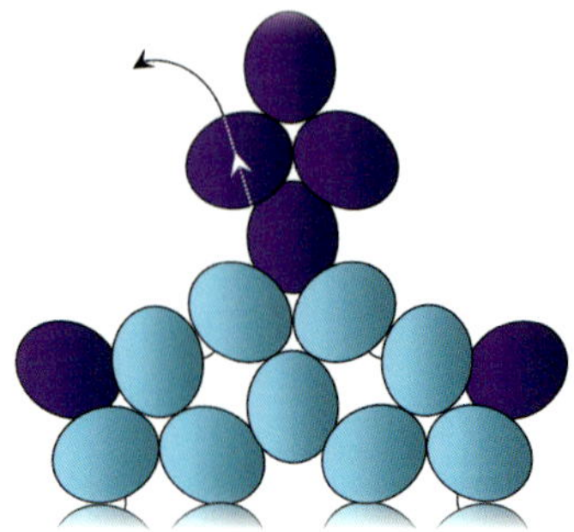

Workshop-Tipp 21: Wenn Sie am Faden ziehen, um die Perlen zusammenzuschieben, sollten die Armperlen in die Position rutschen, die die Grafik zeigt. Wenn Sie das nicht tun, benehmen Sie sich nicht ordentlich und müssen zur Raison gebracht werden. Aber auch ohne das werden Sie sich richtig legen, wenn Sie den letzten umgekehrten Hubble-Stich mit diesem verbinden. Worauf Sie achten sollten, ist, dass die Hubble-Stiche alle einen Kopfstand auf der geteilten Kopfperle machen.

5 Zweiter umgekehrter Hubble-Stich, **Phase 1**: Nehmen Sie 3x B Perlen auf und fädeln Sie nochmals in gleicher Richtung durch die zuerst aufgenommene B Perle, um einen Ring zu erhalten.

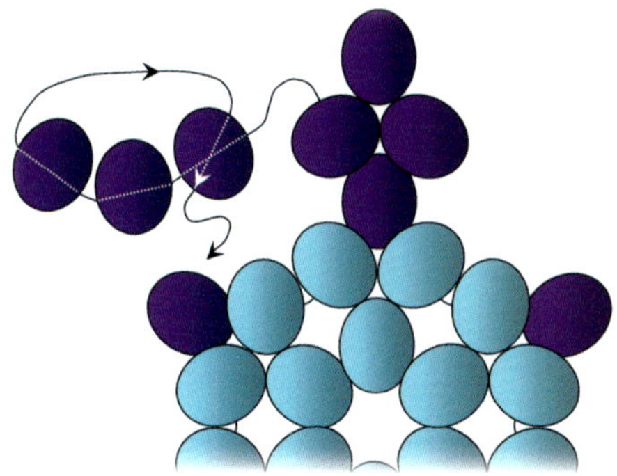

6 **Phase 2**: Schieben Sie die drei B Perlen zusammen und fädeln Sie dann vor (ja, vorfädeln und nicht zurück) durch die nächste Kopfperle.

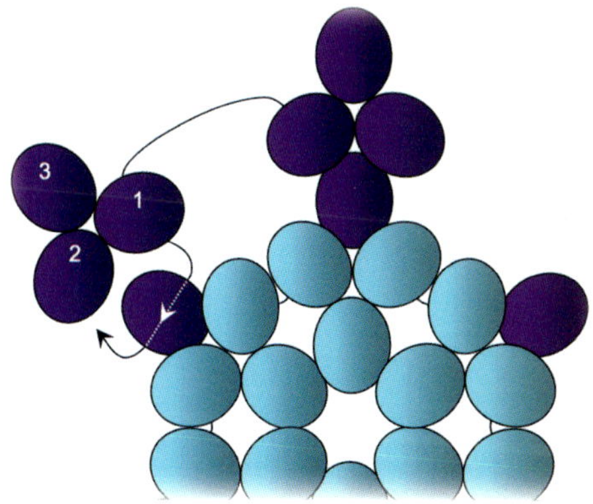

Workshop-Tipp 22: Dies ist kein Rückstich, denn hier ist alles auf den Kopf gestellt – wenn Sie die Kopfperlen verbinden, fädeln Sie immer vorwärts.

Aufgepasst! Die Perlen in der Grafik sind als 1, 2 und 3 nummeriert, welches die Reihenfolge ist, in der sie aufgenommen wurden. Denken Sie daran, dass die Nadel aus der Perle Nummer 1 herauskommt.

7 (Immer noch **Phase 2**): Fädeln Sie durch die benachbarte Armperle (Nummer 2).

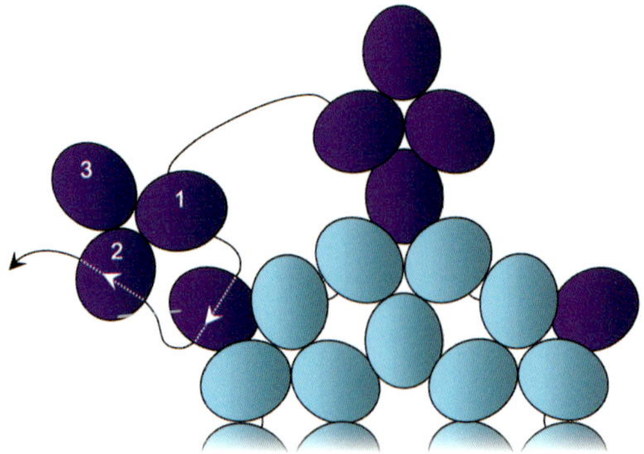

Aufgepasst! An dieser Stelle ist es sehr leicht, aus Versehen durch die Perle Nummer 3 zu fädeln. Dies würde dazu führen, dass sich der Hubble-Stich dreht – also passen Sie auf, dass dem nicht so ist.

Die Grafik zeigt, dass das Zusammenschieben noch nicht stattgefunden hat, sodass Sie den Fadenlauf gut sehen können. Jeden Augenblick...

8 Schieben Sie die Perlen zusammen... und das passiert beim kreisförmigen Stich!

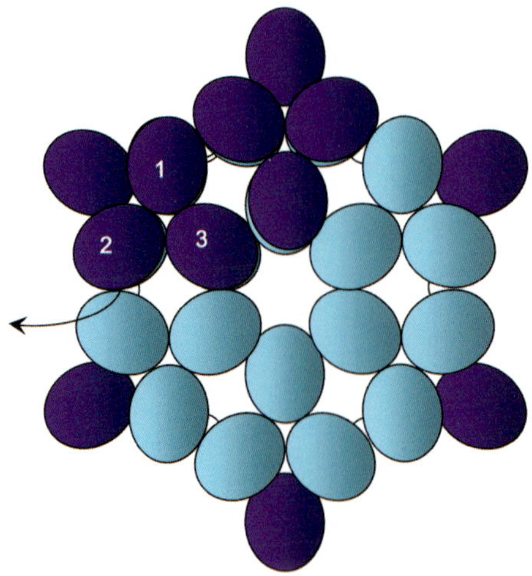

Die beiden neuen umgekehrten Hubble-Stiche ziehen sich zusammen, klappen über und liegen nun auf der Perlenarbeit. Sie wurden über die Kopfperlen geklappt.

9 Wiederholen Sie die Schritte 5 bis 8 noch vier weitere Male und verbinden Sie den sechsten mit dem ersten Hubble-Stich zum Kreis (denken Sie daran, dass der Faden unter der Armperle herauskommt und dass die Nadel von unten nach oben durch die benachbarte Arm- und dann weiter durch die Kopfperle führen muss – siehe Grafik). Sichern Sie die Verbindung, indem Sie nochmals durch den ersten umgekehrten Hubble-Stich fädeln.

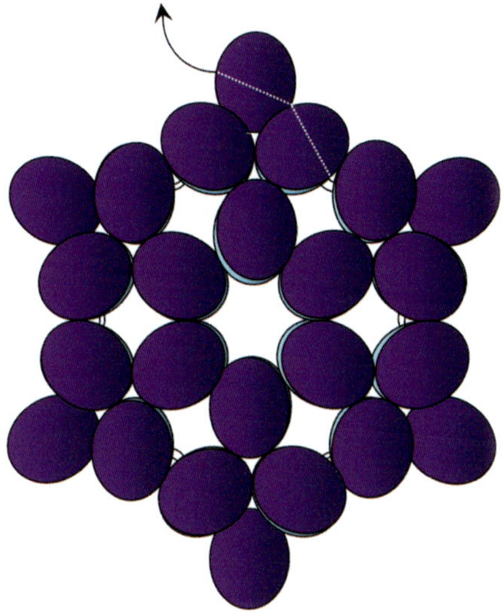

Workshop-Tipp 23: Sehen Sie, wie das kleine Beispielstück zu einem Päckchen geworden ist – etwas Schönes könnte hineinschlüpfen und dann eingefangen werden, indem durch die sechs Mittelperlen gefädelt wird. Eine Spiegelung der ersten Seite. Probieren Sie einmal, dieses Beispiel aus 11/0 Perlen zu arbeiten. Sie können damit den umgekehrten Hubble-Stich in einem kleineren Maßstab üben und einen 6 mm großen Rivoli oder Chaton darin einfangen! Das ergibt ein entzückendes, kleines Element.

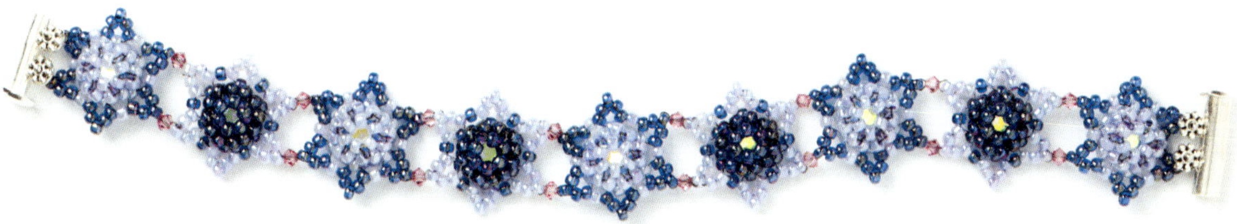

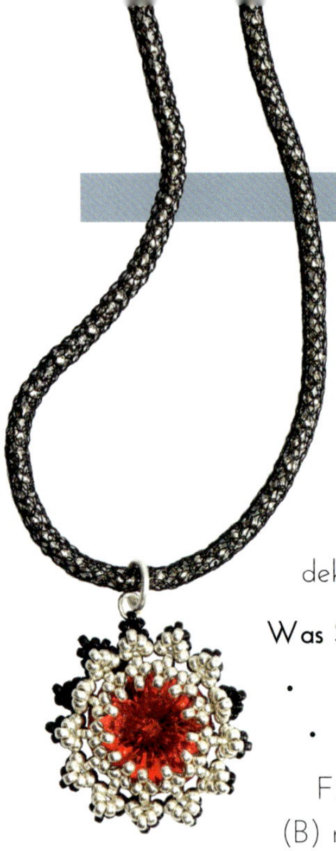

PROJEKT 12 - „SOLAR FLARES"

Jetzt sind wir also beim letzten Projekt des Buchs angekommen, und hier habe ich alles eingebracht, was möglich war! Sie werden den VerSO3-, den umgekehrten, 2-Perlen- und 3-Perlen-Hubble-Stich, alle in der Runde, verwenden! Dies ist außerdem eine gute Gelegenheit, mit hinreißenden Kristallen und vielen Perlenfarben, entweder kontrastierend oder in einem Farbverlauf, zu spielen. Diese hübschen, kleinen „Solar Flares" können individuell als Anhänger, miteinander zum Armband oder zur Halskette verbunden werden oder als dekorative Verzierung an einem einfachen, gefädelten Armband dienen.

Was Sie benötigen:

- je 1g 15/0 Saatperlen (A und B)
- 1x Swarovski® Rivoli, 14 mm

Für die Einfassung auf dem ersten Foto habe ich Jet Black (A) und Duracoat Silver (B) mit einem Rivoli der Farbe Light Siam verwendet.

Aufgepasst! Sie verwenden den VerSO3-Stich, vergessen Sie also nicht: Die Zwischenperlen werden parallel zu den Kopfperlen jedes Stichs liegen.

1. Arbeiten Sie zuerst die Rückseite. Mit 1 m Faden, A Perlen für Basis- und Kopf- und B Perlen als Zwischenperlen fädeln Sie eine Basisreihe aus 13 VerSO3-Hubble-Stichen. Stellen Sie sicher, dass Sie den Faden fest genug anziehen, damit die Perlen nachher eng am Rivoli anliegen (schauen Sie auch auf den Workshop-Tipp 11, auf Seite 67)!

2. Verbinden Sie den 13. Stich mit dem ersten, schieben Sie die Perlen zusammen und fädeln Sie nochmals durch den ersten Hubble-Stich, um diesen zu sichern. Fädeln Sie so vor, dass Sie mit der Nadel aus der äußeren Zwischenperle herauskommen; wie die Grafik zeigt.

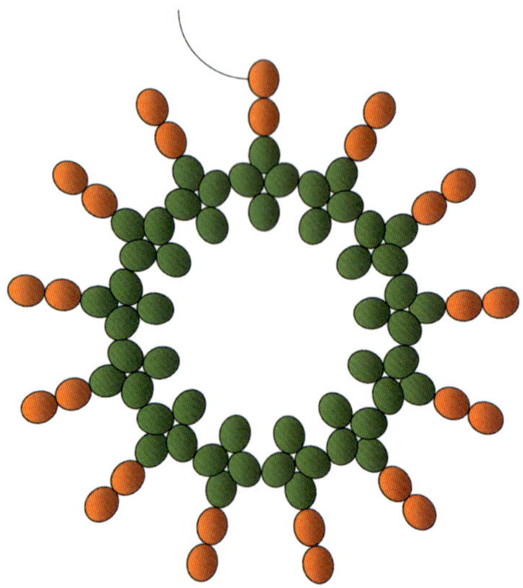

3 Verwenden Sie nun B Perlen und arbeiten Sie eine Runde im umgekehrten Hubble-Stich; ausgehend von diesen äußeren Zwischenperlen.

Wenn Sie die Perlen des zweiten Stichs zusammenschieben, wird die Runde sofort umklappen und anfangen, die Tasche für den Rivoli zu bilden.

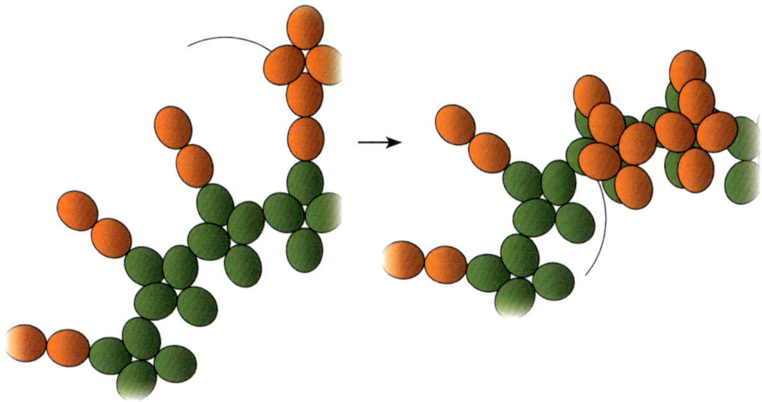

4 Arbeiten Sie 8 weitere umgekehrte Hubble-Stiche und schieben Sie den Rivoli in die entstandene Tasche.

Die mittleren Zwischenperlen jedes Stichs werden genau an der Kante des Rivoli liegen, aber manchmal werden Sie eine kleine Korrektur benötigen, damit sie nicht verdreht sind und ihr Fädelloch sichtbar ist. Verwenden Sie eine Ahle oder eine dickere Stopfnadel, um sie vorsichtig in ihre Position zu drehen, sodass ihre Fädellöcher parallel zum Rand des Rivoli liegen.

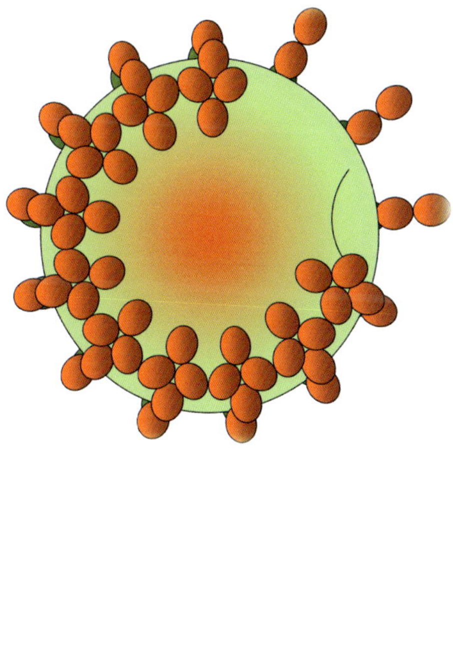

5 Arbeiten Sie die letzten drei Stiche und dann die Verbindung. Fädeln Sie, um den Stich zu sichern, nochmals durch den ersten Stich der Runde und fädeln Sie dann so vor, dass Sie mit der Nadel aus einer mittleren Zwischenperle am Rand des Rivoli herauskommen. Ziehen Sie am Faden!

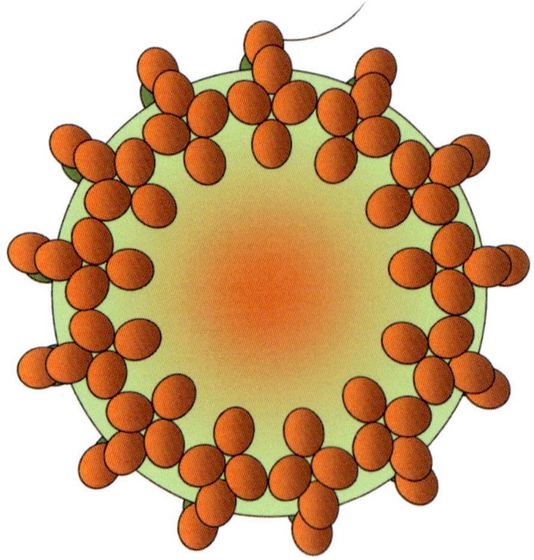

6 Verwenden Sie A Perlen und arbeiten Sie einen 3-Perlen-Hubble-Sitch aus der Zwischenperle heraus.

Arbeiten Sie 12 weitere Stiche um den Rivoli herum und fädeln Sie dann die Verbindung. Fädeln Sie so vor, dass Sie mit der Nadel wieder aus einer mittleren Zwischenperle herauskommen.

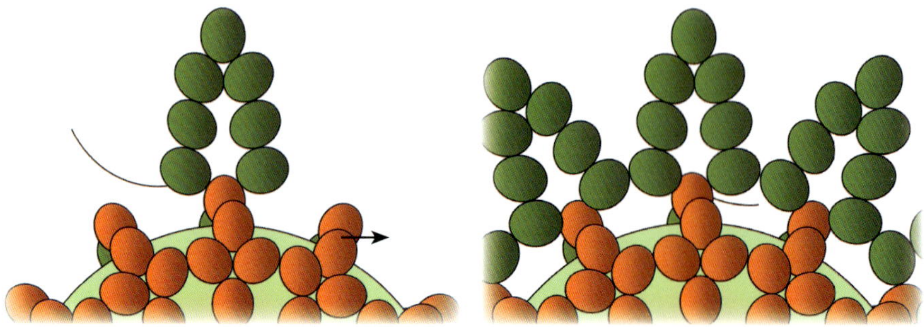

7 Verwenden Sie B Perlen und arbeiten Sie eine zweite Runde im 2-Perlen-Hubble-Stich über der Runde im 3-Perlen-Hubble-Stich.

Vernähen Sie den Arbeitsfaden und den Fadenrest.

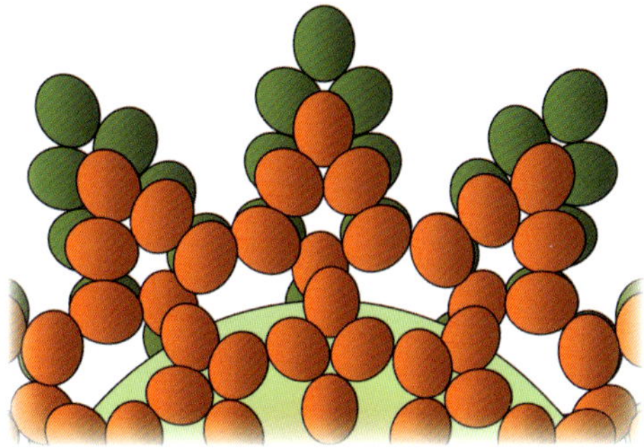

Um ein Armband zu arbeiten, sammeln Sie eine Kollektion „Solar Flares" und verbinden diese an ihren 3-Perlen-Hubble-Stichen. Diese Verbindung stellt eine kleine Herausforderung dar, da es keine Symmetrie aufgrund der ungeraden Stichanzahl geben kann. Diese kann jedoch überwunden werden. Wie Sie auf dem Foto sehen können, habe ich bei jeder Verbindung immer einen 3-Perlen-Stich zwischen zwei 3-Perlen-Stiche des nächsten „Solar Flares" gesetzt und die Nadel durch die benachbarten Perlen der drei sich berührenden Stiche geführt. Ich wollte nicht, dass irgendetwas die Aufmerksamkeit von den hübschen Komponenten ablenkt, also habe ich diesen unscheinbaren, kleinen Magnetverschluss gewählt, welcher mit einem Drahtschoner angebracht wurde, um den Faden zu schützen.

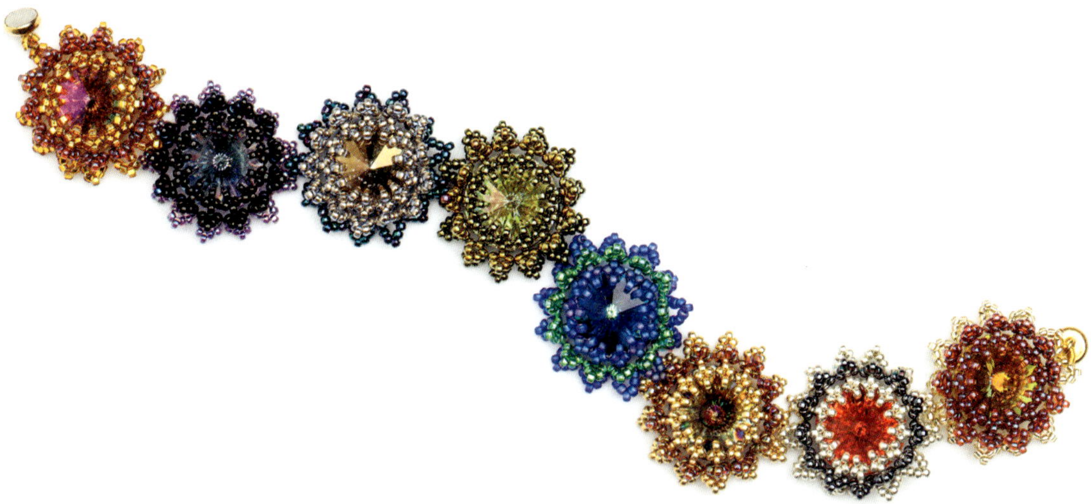

Varianten

- Wechseln Sie die A und B Perlen bei den 3-Perlen und 2-Perlen Runden aus; arbeiten Sie in nur in der einen oder der anderen Farbe und verbinden Sie dann die Elemente!
- Arbeiten Sie eine komplette Halskette aus „Solar Flares" – diese müssen Sie dann in einer Biegung, anstelle einer geraden Linie, miteinander verbinden.

Der nächste Teil der Hubble-Reise

Sie haben mich auf dieser ersten Erkundung des Hubble-Stichs einen so langen Weg begleitet und nun haben Sie all die Basistechniken zur Hand. Wie Sie gesehen haben, gibt es nicht nur viele reizvolle Varianten des Hubble-Stichs zum Fädeln, es gibt auch einen unendlichen Spielraum für Farben und Veredelungen, um wunderschön unterschiedliche Texturen zu erhalten. Die Variation der Perlengrößen, um Spiralen, Wirbel und Wellen zu formen und die Stiche selbst zu manipulieren, um Ihre Perlenarbeit zu verlängern, erweitern, in dreidimensionale Röhren oder auch Einfassungen für Kristalle zu bringen! Die Möglichkeiten sind atemberaubend; wenn der Tag doch nur 48 Stunden hätte!

Ich hoffe, Sie hatten beim Experimentieren mit dem Hubble-Stich viel Spaß!

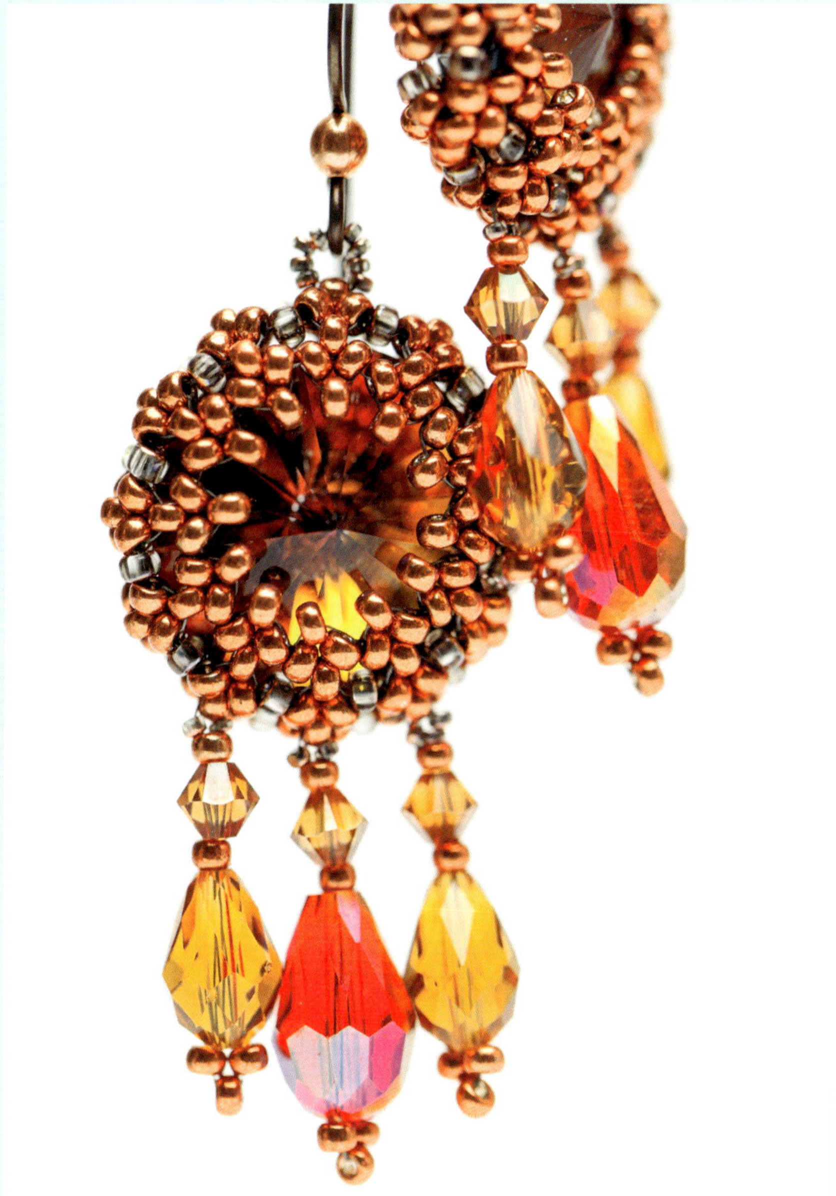

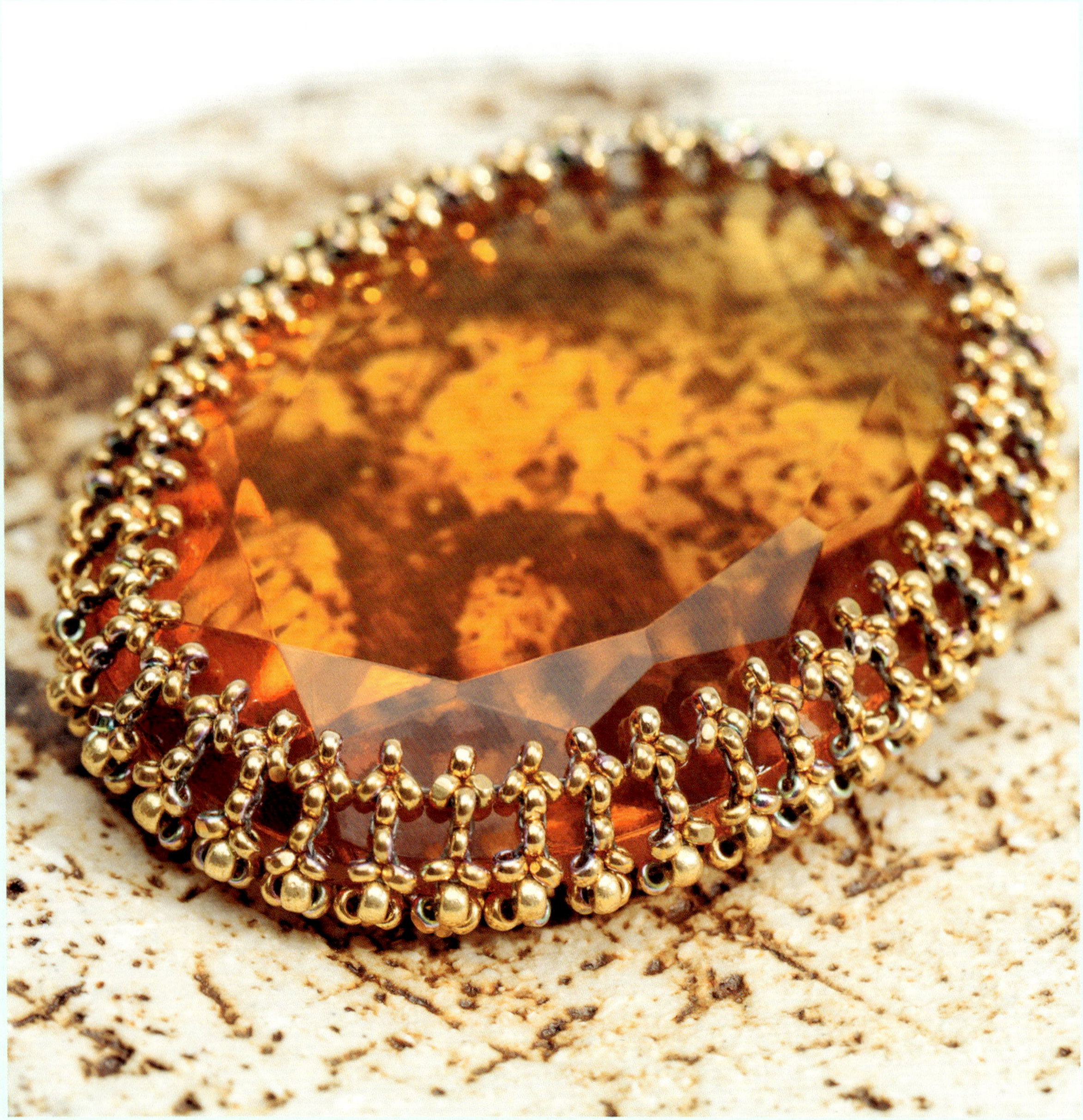

DANKSAGUNG

DANKSAGUNG

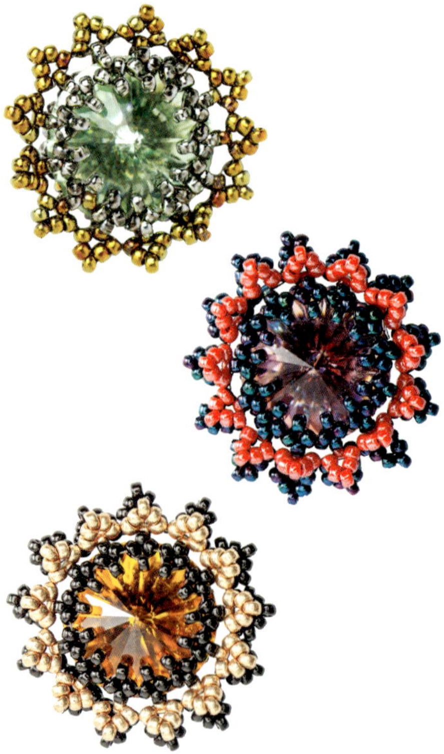

Dank und Anerkennung an...

Als der Welt beste Zauderin kann ich es immer noch nicht glauben, dass „Hubble!" schlussendlich wahr geworden ist. Wenn es Zeit ist, meine Anleitungen zu schreiben, ist mein Haus normalerweise makellos, die Wäsche gemacht und alles erledigt; ich mache alles andere als mich hinzusetzen und zu schreiben; es ist außerdem die beste Zeit für mich, um zu designen. Obwohl ich über die Jahre viel Ermutigung von meinen Schülern, Freunden und meiner Familie bekommen habe, konnte ich mir nicht vorstellen, ein Buch zu schreiben. Als ich den ersten Hubble-Stich machte und dann den zweiten und den nächsten, kann ich das Gefühl nur damit vergleichen, in einem dunklen Raum zu sein und plötzlich knipst jemand das Licht an! Ich habe buchstäblich den Atem angehalten. Als ich also fieberhaft einige der Möglichkeiten, die der Stich bietet, erforscht hatte, wusste ich, dass ich dieses Buch schreiben musste.

Es vergingen beinahe zwei Jahre, seit dieses Licht meine Gedanken beleuchtete und während ich diese Reise durchaus genoss, war es doch auch in vielerlei Hinsicht eine steile Lernkurve. Ich musste genug an mich glauben, um es zu wagen, und ich möchte meiner Perlenfreundin Sue Richardson für das Pflegen und Nähren dieses Glaubens danken. Tatsächlich hat sie mich über Jahre ermutigt, ein Buch über meine Designs zu schreiben und schlussendlich war das genau richtig. Ich habe nichts anderes als Lob für Sue und ihr wundervolles Verlagsteam: Kelly Mundt und Mark Hobin, welche den gesamten Prozess durch ihre Fähigkeiten und ihren Professionalismus leicht und einfach gemacht haben.

Dank geht auch an meine andere gute Freundin Heather Kingsley-Heath, welche immer mit beruhigenden Worten und klugen Ratschlägen zur Stelle war, wenn ich mich fühlte, als sei das Schreiben und gleichzeitig mein Leben am Laufen zu halten wie das Erklimmen eines unendlichen Berges.

Besonderer Dank geht an Nitty Chamcheon, Gwena Faribairn, Sandra Fox, Erika Simons und Jean Phillips, meine geliebten Perlenfreunde der Gruppe „Dangerous Beaders", ohne deren Hilfe und Geduld hier eine Menge Seiten weiß geblieben wären! Sie haben den Hubble-Stich total angenommen und dann sich selbst mit Elan und Energie daran gemacht, einige tolle Varianten und Variationen der Projekte zu fädeln.

Die Fotografie war ein sehr wichtiger Punkt für mich, da ich wollte, dass jeder wirklich die Struktur des Hubble-Stichs sehen kann; seine Schönheit und sein fantastisches Potenzial. Und dafür danke ich Michael Wicks.

Zuletzt, aber nicht als letztes meiner Familie: In den Zeiten, als die Perlenarbeit und das Schreiben ganz oben auf meiner Liste standen, bedeutete mir das Wissen, dass mir ihre konstante Liebe und Unterstützung sicher war, alles.

Viel Spaß beim Hubbeln!

Kontaktinformationen

Email: Beadschool@gmail.com

Website: www.Beadschool.co.uk

Facebook: Melanie de Miguel (Beadschool Mel)

YouTube: Beadschool - Melanie de Miguel

Twitter: @BeadschoolMel